Die Musik Spaniens

Carl Van Vechten

Writat

Diese Ausgabe erschien im Jahr 2024

ISBN: 9789359945033

Herausgegeben von
Writat
E-Mail: info@writat.com

Inhalt

Vorwort

Als der Leitartikel dieses Buches, „Musik und Spanien", zum ersten Mal erschien, war er, soweit ich feststellen konnte, der einzige Kommentar, der das Thema allgemein in irgendeiner Sprache zu behandeln versuchte. Ich glaube, er hat diese Auszeichnung immer noch. Über spanische Musik wurde auf Französisch oder Deutsch nur wenig veröffentlicht, selbst auf Spanisch nur wenig, auf Englisch praktisch nichts. Man hat mich daher dazu gedrängt, dass die Neuveröffentlichung einigermaßen erfolgreich sein könnte. Dem habe ich zugestimmt, obwohl niemand seine Mängel besser kennen kann als ich. Das Thema ist völlig unklassifiziert; es gibt derzeit keine sichere Möglichkeit, Werte zu bestimmen. Es ist fast unmöglich, spanische Musik außerhalb Spaniens zu hören; selbst in Spanien ist es nicht einfach, es sei denn, man begnügt sich mit Zarzuelas. Schlimmer noch, es ist unmöglich, das meiste davon überhaupt zu sehen. Viele wichtige Partituren bleiben unveröffentlicht, und unsere Musikhändler und unsere Bibliotheken verfügen nicht über eine umfassende Sammlung der veröffentlichten Werke. Unter diesen Umständen musste ich unter großen Schwierigkeiten arbeiten, aber meine Begeisterung hat deswegen nicht nachgelassen. Mein Hauptziel war es, die Ohren der Welt für diese neuen Klänge zu öffnen und Neugier auf die Musik der Iberischen Halbinsel zu wecken. Wenn diese Musik bekannter ist, wird genug Zeit sein, ein kritischeres und umfassenderes Werk zu schreiben.

Da „Musik und Spanien" von den Originalplatten gedruckt wurde, habe ich nur geringfügige typografische Änderungen am Text vorgenommen; einige davon sind jedoch wichtig. Ich habe jedoch sehr umfangreiche Anmerkungen hinzugefügt, die Informationen enthalten, die mir seit dem Schreiben von „Musik und Spanien" zugekommen sind. Es enthält viel neues Material über spanischen Tanz und moderne Komponisten, und das Register ermöglicht es jedem, in kurzer Zeit zu finden, wonach er sucht. Der Essay über Carmen *wurde ebenfalls für dieses Buch geschrieben, und den Essay über* The Land of Joy *habe ich, da er völlig passend ist, aus „The Merry-Go-Round" entnommen. Herr John Garrett Underhill hat viele wertvolle Änderungen und Zusätze vorgeschlagen, und ich bin ihm zu großem Dank verpflichtet.*

Die Vorbereitung dieses Buches hat bei mir ein außerordentliches Interesse und eine wahre Liebe für die Iberische Halbinsel geweckt. Wenn es mir gelungen ist, meinem Leser ein wenig von diesem Gefühl zu vermitteln , bin ich zufrieden.

CARL VAN VECHTEN.

New York, 26. Juni 1918.

Spanien und die Musik

Manchmal schien es mir, Oscar Hammerstein sei mit einer geradezu prophetischen Weitsicht begabt gewesen. Er war es, der sich die Pracht von Times Square (dem ehemals Longacre Square) ausmalte. Er errichtete ein Theater nach dem anderen in dem damals öden Viertel – und bald kamen die Menschenmassen und die Hotels. Er sah voraus, dass die französische Oper, nach französischer Art aufgeführt, in New York wieder Erfolg haben würde, und er durchkreuzte die Berechnungen aller Besserwisser, indem er sogar mit *Pelléas et Mélisande Geld verdiente*, jener esoterischen Zusammenarbeit belgischer und französischer Kunst, die in der zweiten Hälfte der Saison 1907/08 einen Rekord von sieben Aufführungen im Manhattan Opera House erreichte, allesamt vor einem so großen und ergebenen Publikum wie jenes, das die heiligen Festspiele des *Parsifal* in Bayreuth besucht. Und er hatte für die Saison 1908/09 (und erneut für die folgende Saison) eine spanische Oper mit dem Titel *La Dolores angekündigt*. Hätte er sein Vorhaben in die Tat umgesetzt (warum es aufgegeben wurde, habe ich nie erfahren; Bühnenbild und Kostüme waren fertig), wäre ihm eine weitere Ehre zuteil geworden, nämlich die, bereits bei der Produktion einer modernen spanischen Oper in New York mitgewirkt zu haben, eine Ehre , die unter den gegebenen Umständen Herrn Gatti-Casazza zuteil werden muss. (Genau genommen war *Goyescas* nicht die erste spanische Oper, die in New York aufgeführt wurde, obwohl sie die erste war, die an der Metropolitan Opera produziert wurde. *Il Guarany* von Antonio Carlos Gomez, einem in Brasilien geborenen Portugiesen, wurde von der „Milan Grand Opera Company" während einer dreiwöchigen Saison im Herbst 1884 im Star Theatre aufgeführt. Eine Arie aus dieser Oper ist noch heute im Repertoire vieler Sopranistinnen. Um noch weiter zurückzugehen, wurden zwei von Manuel Garcías Opern, natürlich auf Italienisch gesungen, *L'Amante Astuto* und *La Figlia dell'Aria* , 1825 im Park Theatre aufgeführt, mit María García – der späteren berühmten Mme. Malibran – in den Hauptrollen . In jüngerer Zeit strömte eine italienische Opéra -Bouffe-Gesellschaft, die vom Park Theatre – nicht demselben Gebäude, in dem Garcías Truppe untergebracht war ! – zu verschiedenen Theater am Bowery, hatte drei Zarzuelas im Repertoire . Eine davon, die beliebte *La Gran Vía* , wurde für eine Aufführung angekündigt, aber ich habe keine Aufzeichnungen darüber und bin nicht sicher, ob sie tatsächlich aufgeführt wurde. Es gibt wahrscheinlich noch andere Beispiele.) Herr Hammerstein hatte zuvor zwei Opern *über* Spanien produziert, als er sein erstes Manhattan Opera House an der Stelle eröffnete, an der sich heute das Kaufhaus Macy's befindet, mit Moszkowskis *Boabdil* , bald gefolgt von Beethovens *Fidelio* . Die Malagueña aus *Boabdil* ist noch immer ein Favorit *Morceau* mit Restaurantorchestern, und ich glaube, ich habe die gesamte Ballettsuite gehört, aufgeführt vom Chicago Orchestra unter der Leitung von

Theodore Thomas. Die eigentliche Besetzung New Yorks durch die Spanier erfolgte jedoch nach dem Ende von Hammersteins glänzenden Saisons, obwohl die frühere Beliebtheit der Carmencita, deren berühmtes Porträt von Sargent in der Galerie Luxembourg in Paris ihren Ruhm lange bewahren wird, das Interesse an den farbenfrohen Gemälden von Sorolla und Zuloaga, von denen viele noch immer in privaten und öffentlichen Galerien in New York ausgestellt sind, der hier in unterschiedlichem Maße erzielte Erfolg von Gesangskünstlern wie Emilio de Gogorza , Andrés de Segurola und Lucrezia Bori, die Aufführungen der Klavierwerke von Albéniz, Turina und Granados durch Pianisten wie Ernest Schelling, George Copeland und Leo Ornstein und die erstaunlichen spanischen Tänze von Anna Pavlowa (die damit nur in die Fußstapfen ihrer großen Vorgänger des 19. Jahrhunderts, Fanny Elssler und Taglioni, trat) das Feuer zusätzlich anfachten.

Der Winter 1915/16 war Zeuge des spanischen Flächenbrandes. Enrique Granados, einer der bedeutendsten spanischen Pianisten und Komponisten der Gegenwart, ein Mann, der sich sehr für das Überleben und die künstlerische Verwendung nationaler Formen interessierte, kam in dieses Land, um bei der Aufführung seiner Oper *Goyescas mitzuwirken* , die im Metropolitan Opera House erstmals auf Spanisch gesungen wurde, und war hier auch mehrere Male als Pianist zu hören; der spanische Cellist Pablo Casals gab häufig Vorführungen seiner vollendeten Kunst, ebenso wie der Gitarrenvirtuose Miguel Llobet; La Argentina (die Señora Paz Südamerikas) stellte ihre etwas klassizistischen Vorstellungen spanischer Tänze dar; die spanische Sopranistin María Barrientos gab ihr Nordamerika-Debüt und rechtfertigte in gewissem Maße die übertriebenen Berichte, die im Fernsehen über ihren Gesang verbreitet worden waren; und schließlich führte das Dekret von Paris (das trotz Paul Poirets angeblicher Abwesenheit in den Schützengräben immer noch gültig war) dazu, dass alle unsere Frauen spanische Kleidung trugen, die Hüftreifen aus der Zeit Velásquez, die Spitzenvolants von Goyas Herzogin von Alba und die Mantillas, Kämme und *Accroche-coeurs* Spaniens, Spaniens, Spaniens ... Außerdem muss man Madame Farrars brillanten, in gewissem Maße verdienten Erfolg als Carmen erwähnen, sowohl in Bizets Oper als auch in einem Filmdrama; Miss Theda Baras Filmauftritt in derselben Rolle, der mit mehr Atmosphäre als der von Madame Farrar gegeben wurde, wenn auch als Interpretation der Stimmungen des spanischen Zigarettenmädchens weniger wirkungsvoll; Charles Chaplins exzentrische Burleske desselben Stücks; die anhaltende Anwesenheit von Andrés de Segurola als Opern- und Konzertsänger in New York; María Gay, die einige Auftritte in *Carmen* und anderen Opern gab; und Lucrezia Bori, obwohl sie aufgrund des unglücklichen Ergebnisses einer Operation an ihren Stimmbändern während der gesamten Saison nicht singen konnte; in Chicago trat Miss Supervia in der Oper auf und Mme. Koutznezoff , die Russin, tanzte spanische Tänze; und im New Yorker Winter Garden trat Isabel Rodríguez in spanischen Tänzen auf, die die Umgebung völlig übertrafen und die Bühne für die wenigen kurzen Momente, in denen sie von ihrer wirklich hinreißenden Schönheit eingenommen wurde, so stimmungsvoll machten wie ein *Maison de Danse* in Sevilla. Auch der Tango, in etwas abgewandelter Form, interessierte weiterhin die „Gesellschaftstänzer", getanzt zu Musik, die in vielen Fällen von Señor Valverde bereitgestellt wurde, einem unermüdlichen Produzenten populärer Melodien, von denen einige aufgrund ihrer engen Verbindung zu den Volkstänzen und Liedern Spaniens einen gewissen Wert als Musik haben. In der Kunstwelt gab es eine spürbare Wiederbelebung des Interesses an Goya und El Greco.

Ruf ausnutzen und eine Reihe spanischer Opern an der Metropolitan Opera aufführen wollen - sagen wir vier oder fünf weitere -, so geriet er in Schwierigkeiten. Wo sind sie? Mehrere Opern von Isaac Albéniz sind in London und im Théâtre de la Monnaie in Brüssel aufgeführt worden , aber würden sie hier gefallen? Da wäre Felipe Pedrells monumentales Werk, die Trilogie *Los Pireneos* , die Edouard Lopez-Chavarri als "das bedeutendste in Spanien geschriebene Theaterwerk" bezeichnete; und dann wäre da noch das bereits erwähnte *La Dolores* . Nach dem Rest müsste man sich bei den Zarzuelas umsehen. Wäre die Metropolitan Opera ein geeigneter Ort für die Aufführung dieser Opernform? Es ist tatsächlich fraglich, ob die Zarzuela in irgendeinem New Yorker Theater Fuß fassen könnte.

Die Wahrheit ist, dass in Spanien italienische und deutsche Opern viel beliebter sind als spanische, die Zarzuela immer ausgenommen; und bei Señor In Arbós Konzertreihe an der Königlichen Oper in Madrid hört man mehr Bach und Beethoven als Albéniz und Pedrell . Das Interesse an Musik in Spanien wächst, und es gibt Anzeichen dafür, dass die Komponisten Spaniens eines Tages neben den Musikern anderer Nationalitäten wieder einen wichtigen Platz einnehmen könnten, einen Platz, den sie im 16. und 17. Jahrhundert stolz innehatten. Doch erst 1894 schrieb Louis Lombard in seinen „Beobachtungen eines Musikers", dass am Konservatorium von Málaga keine Harmonielehre gelehrt wurde, und dass er bei den Abschlussübungen des Konservatoriums von Barcelona eine vierhändige Bearbeitung des *Tannhäuser*- Marsches gehört hatte, gespielt auf zehn Klavieren mit vierzig Händen! Havelock Ellis („Die Seele Spaniens", 1909) bestätigt, dass ein Konzert in Spanien das Publikum zum Plaudern bringt. Die Spanier, sagt er, lieben Lärm ungemein, und das regt sie zu Gesprächen an. Albert Lavignac sagt in „Musik und Musiker" (Übersetzung von William Marchant): „Wir haben die spanische Schule in den Schatten gestellt, von der es keine Wahrheit gibt." Aber wenn man liest, was Lavignac über Mussorgski zu sagen hat , schenkt man solchen extravaganten Allgemeinplätzen wie dem gerade zitierten wahrscheinlich wenig Glauben. Der Absatz über Mussorgski ist ein Juwel, und ich füge ihn hier nur zu gern für diejenigen ein, die ihn noch nicht gesehen haben: „Ein charmanter und fruchtbarer Melodiker, der seinen Mangel an Geschick in der Harmonisierung durch eine Kühnheit wettmacht, die manchmal von zweifelhaftem Geschmack ist; hat Lieder, Klaviermusik in kleinem Umfang und eine Oper, *Boris Godunow, kompensiert* .“ Im Protokoll der 34. Sitzung der London Musical Association (1907-8) wird Dr. Thomas Lea Southgate zitiert, der sich bei Sir George Grove beschwerte, weil in der alten Ausgabe von Groves Dictionary unter „Schulen der Komposition“ die spanische Schule in zwanzig Zeilen abgetan wurde. Sir George, so sagt er, antwortete: „Nun, ich habe es Rockstro gegeben , weil niemand etwas über spanische Musik weiß.“ – Die Bibliographie zur modernen spanischen Musik ist in der Tat unbeschreiblich dürftig, obwohl in Spanien und im Ausland viel über die frühen religiösen Komponisten der Iberischen Halbinsel geschrieben wurde .

Diese Angelegenheiten werden zu gegebener Zeit besprochen. In der Zwischenzeit hat es mir einiges Vergnügen bereitet, eine Liste (die sowohl für den Gelegenheitsleser als auch für den Musikstudenten von Interesse sein könnte) von Kompositionen zusammenzustellen, die von Spanien Komponisten anderer Nationalitäten vorgeschlagen wurden. (Diese Liste ist keineswegs vollständig. Ich habe nicht versucht, Werke darin aufzunehmen, die dem heutigen Publikum nicht mehr oder weniger bekannt sind; ohne Grenzen könnte sie leicht zu einem kleinen Band erweitert werden.) Das Repertoire des Konzertsaals und des Opernhauses ist durch und durch von spanischem Flair durchzogen, und im Großen und Ganzen würde ich sagen, dass die beste spanische Musik nicht von Spaniern geschrieben wurde, obwohl das meiste davon, wie die beste in Spanien geschriebene Musik, hauptsächlich auf dem Rhythmus von Volksweisen, Tänzen und Liedern basiert. Von den Orchesterstücken muss ich wohl Chabriers Rhapsodie *España an die Spitze der Liste setzen* , eine so farbenfrohe und rhythmische Klangkombination, wie sie der Zuhörer eines Sinfoniekonzerts oft zu hören bekommt. Melodie und Rhythmus sind von zwei spanischen Tänzen abhängig: der Jota, schnell und feurig, und der Malagueña , langsam und sinnlich. Dies sind echte spanische Melodien; Berichten zufolge erfand Chabrier nur das derbe Thema, das den Posaunen gegeben wurde. Das Stück war ursprünglich für Klavier geschrieben und nach Chabriers Tod (zusammen mit anderer Musik desselben Komponisten) in das Ballett *España umgewandelt* , das 1911 an der Pariser Oper aufgeführt wurde. Waldteufel stützte einen seiner beliebtesten Walzer auf das Thema dieser Rhapsodie. Chabriers *Habanera* für das Klavier (1885) war seine letzte musikalische Erinnerung an seine Spanienreise. Im Allgemeinen sind es französische Komponisten, die mit spanischer Atmosphäre bessere Effekte erzielt haben als Menschen anderer Nationen, und neben Chabriers Musik sollte ich Debussys *Iberia nennen*, das zweite seiner *Images* (1910). Es enthält drei Sätze, die jeweils als „In den Straßen und Wegen", „Die Düfte der Nacht" und „Der Morgen eines Festtages" bezeichnet werden. Es ist in der Tat eher der Geruch und das Aussehen Spaniens als der Rhythmus, den uns diese Musik vermittelt, obwohl sie völlig impressionistisch ist, aber Rhythmus fehlt nicht, und die Partitur verlangt charakteristische Instrumente wie Kastagnetten, Tamburine und Xylophone. „Die Düfte der Nacht" kommt dem Suggerieren von Gerüchen in der Nase so nahe wie jede andere Musik – und nicht alle davon sind angenehme Gerüche . Da ist Rimski- Korsakows *Capriccio Espagnole* mit seinem *Alborado* oder seiner lustvollen Morgenserenade, seiner langen Reihe von Kadenzen (die ebenso geschickt geschrieben sind wie die von *Scheherazade* , um die Virtuosität der einzelnen Spieler im Orchester zu zeigen; es ist bemerkenswert, dass dieses Werk den 67 Musikern der Kapelle des Kaiserlichen Opernhauses von Petrograd gewidmet ist und alle ihre Namen in der Partitur erwähnt werden), um die schwankende Musik eines Zigeunerlagers anzudeuten , und schließlich den wilden Fandango der Asturien, mit dem das Werk zu einem brillanten Abschluss kommt. Engelbert Humperdinck lehrte zwei Jahre lang (1885-6) Musiktheorie am Konservatorium von Barcelona, und eines der Ergebnisse war seine *Maurische Rhapsodie* in drei Teilen (1898-9), die noch gelegentlich von unseren Orchestern aufgeführt wird. Lalo schrieb seine *Symphonie Espagnole* für Violine und Orchester für den großen spanischen Virtuosen Pablo de Sarasate, aber alle unsere Geiger spielen sie mit Freude (obwohl sie normalerweise um ein oder zwei Sätze gekürzt wird). Glinka schrieb eine *Jota Aragonese* und *Eine Nacht in Madrid* ; er gab Balakirew ein spanisches Thema , das dieser in seiner *Ouvertüre über ein Thema eines spanischen Marsches verwendete* . Liszt schrieb eine *spanische Rhapsodie* für Klavier (von Busoni als Konzertstück für Klavier und Orchester arrangiert), in der er die Jota von Aragón als Thema für Variationen verwendete. Rubinsteins *Toreador und Andalusian* und Moszkowskis *Spanische Tänze* (für vier Hände) sind allen Amateurpianisten als Hugo Wolfs *Spanische Tänze bekannt. Liederbuch* und Robert Schumanns *Spanisches Liederspiele* , vertont auf F. Giebels Übersetzungen populärer spanischer Balladen, sind allen Sängern bekannt. Ich habe ein Lied von Saint-Saëns gehört, *Guitares et Mandolines* , bezaubernd gesungen von Greta Torpadie , in dem die Instrumente des Titels unter den geschickten Fingern des meisterhaften Begleiters Coenraad V. Bos geschickt imitiert wurden. Auch Debussys *Mandoline* und Delibes' *Les Filles de Cadix* (das in diesem Land sowohl Emma Calvé als auch Olive Fremstad gehört) kommen mir sofort in den Sinn. Ravels *Rapsodie Espagnole* ist so spanisch, wie Musik nur sein kann. Die Männer des Boston Symphony Orchestra haben es in der letzten Saison gespielt. Ravel hat den Habanera-Teil seiner *Rapsodie* auf einem seiner Klavierstücke aufgebaut. Doch Richard Strauss' zwei Tondichtungen über spanische Themen, *Don Juan* und *Don Quixote* , *weisen*, soweit ich mich erinnern kann, von Anfang bis Ende keine Note spanischen Kolorits auf. Svendsens symphonische Dichtung *Zorahayda* , die auf einer Passage aus Washington Irvings „Alhambra" basiert, ist spanisch geprägt und kann dieser Liste zusammen mit Waldteufels *Estudiantina* -Walzer.

nach einer Fotografie von Matzene

Tarquinia Tarquini als Conchita

ICH

Vier moderne Opern stechen durch ihre spanische Thematik und Atmosphäre hervor. Ganz oben auf der Liste würde ich Zandonais *Conchita* ; der italienische Komponist hat in diesem kleinen Meisterwerk viel von der trägen, ruhelosen Farbe der Iberischen Halbinsel auf seine musikalische Palette gefangen und auf seine klangliche Leinwand übertragen . Das Gefühl der Straßen und Innenhöfe wird bewundernswert eingefangen. Mein Freund Pitts Sanborn sagte nach der einzigen Aufführung im Metropolitan Opera House in New York durch die Chicago Opera Company: „Es herrscht eine musikalische Atmosphäre von seltener und durchdringender Art; es gibt Farben , die mit der Diskretion eines Meisters verwendet werden; es gibt berauschende Rhythmen, und über dem Orchester sind die Stimmen in einer wahrhaftigen musikalischen Sprache zu hören... Seit *Carmen* war es so einfach, spanische Musik zu schreiben und das Banale auf höchste Weise zu erreichen. Hier gibt es so wenig vom Spanischen der Konvention wie in Debussys *Iberia*, aber es gibt Spanien." Diese Oper, die auf Pierre Louÿs' Der sadistische Roman „La Femme et le Pantin" verdankt seinen außergewöhnlichen Eindruck von Lebendigkeit zum Teil der lebhaften Darstellung der Titelrolle durch Tarquinia Tarquini. Raoul Laparra, in Bordeaux geboren, der jedoch viel in Spanien herumgereist ist, hat zwei spanische Opern geschrieben, *La Habanera* und *La Jota*, die beide nach beliebten spanischen Tänzen benannt und an der Opéra-Comique in Paris aufgeführt wurden. Ich habe *La Habanera* dort gehört und fand die Verwendung des Tanzes als Dreh- und Angelpunkt einer Tragödie durch den Komponisten sehr überzeugend. Auch den Schluss des ersten Aktes werde ich nie vergessen, in dem ein junger Mann, der auf einer Mauer gegenüber dem Fenster eines Hauses sitzt, in dem ein blutiger Mord begangen wurde, ein wildes spanisches Liedchen singt, sich selbst auf der Gitarre begleitet und dabei seine Beine übereinanderschlägt und sich dem Rhythmus völlig hingibt, während im Haus der wilde hohe Schrei eines verängstigten Kindes ertönt. Ich habe *La Jota weder gehört* noch die Partitur gesehen. Ich finde Emile Vuillermoz in seiner Rezension ("SIM", 15. Mai 1911) nicht begeistert: "Une danse transforme le premier acte in einem Kaleidoskop frénetique et le combat in der Kirche muss anhalten, in der Sekunde, in der Absicht des Autors ' eine Sensation im Bild, ein bisschen wie Zelle eines Puits wo grouillerait die Besogne monströses Larvenmonster menschen .' Wirklich , diese beiden Szenen aus der Filmkunst Papillotant , Crises , Hurlements und eine unberechenbare Zahl von Feuerstößen, die für den Zuschauer eine Rolle spielen épreuve Körperbau schmerzlich , eine Halluzination, verwirrend und inquiétant , ein Cauchemar assourdissant, dass der Leitende unwiderstehlich gegen Übelkeit und Migräne. In all diesem enfer que devient la musique?" Vielleicht suchen Opernbesucher im Allgemeinen nicht nach Nervenkitzel dieser Art; Tatsache ist jedoch, dass *La Jota* eine bescheidene Karriere hatte, verglichen mit *La Habanera*, die sogar in Boston aufgeführt wurde. *Carmen* ist im Wesentlichen eine französische Oper; die führenden Emotionen der Figuren werden in einer ebenso französischen Sprache ausgedrückt wie die von Gounod; doch die Tänze und Zwischenakte haben ein spanisches Kolorit . Die Geschichte von Carmens Auftrittslied ist es wert, mit Mr. Philip Hales Worten noch einmal erzählt zu werden („Boston Symphony Orchestra Programme Notes"; 1914–15, S. 287): „Mme. Galli- Marié mochte ihre Auftrittspartie nicht, die im 6/8-Takt mit Chor war. Sie wünschte sich etwas Kühneres, ein Lied, in dem sie die ganze Palette ihrer *perversités artistiques zum Einsatz bringen konnte* , um Charles Pigots Worte zu verwenden: ‚schmeichelnde Töne und Lächeln, wollüstige Modulationen, mörderische

Blicke, verstörende Gesten'. Während der Proben fertigte Bizet ein Dutzend Versionen an. Die Sängerin war nur mit der dreizehnten zufrieden, der inzwischen bekannten Habanera, die auf einer alten spanischen Melodie basiert, die Sebastian Yradier verwendet hatte . Dies brachte Bizet in Schwierigkeiten, denn Yradiers Verleger Heugel verlangte, dass die Schuld in Bizets Partitur anerkannt werden sollte. Yradier beschwerte sich nicht, aber um einen Rechtsstreit oder einen Skandal zu vermeiden, gab Bizet sein Einverständnis, und auf der ersten Seite der Habanera in der französischen Ausgabe von *Carmen* ist folgende Zeile eingraviert: ‚Nach einem spanischen Lied nachgeahmt, Eigentum des Verlegers von *Le Ménestrel* .'"

Es gibt weitere Opern, deren Szenen in Spanien spielen. Einige versuchen, ein spanisches Kolorit zu erzeugen, andere nicht. Massenet schrieb nicht weniger als fünf Opern mit spanischen Themen: *Le Cid* , *Chérubin* , *Don César de Bazán* , *La Navarraise* und *Don Quichotte* (Cervantes' Roman hat die Komponisten lyrischer Dramen häufig mit seiner Geschichte angelockt; Clément et Larousse führen eine lange Liste von *Don Quijote* -Opern, aber eine von Manuel García fehlt darin, die in John Towers' Zusammenstellung „Dictionary-Catalogue of Operas" erwähnt wird. Allerdings hat keines dieser lyrischen Dramen seinen Platz auf der Bühne behauptet.) Die spanischen Tänze in *Le Cid* werden häufig aufgeführt, die Oper jedoch nicht. Der berühmteste des Sets heißt einfach *Aragonaise* ; er ist kein Jota. *Pleurez, mes yeux* , die Hauptmelodie des Stücks, kann man kaum als spanisch bezeichnen. In *La Navarraise* gibt es eine wunderbare Anspielung auf die Jota . In *Don Quichotte* singt die schöne Dulcinée eine ihrer Melodien zum Klang ihrer eigenen Gitarre , und es wurde viel Aufhebens darum gemacht, dass Madame Lucy Arbell vor der Uraufführung in Monte Carlo Unterricht auf diesem Instrument genommen hatte. Mary Garden, die für *Salome tanzen gelernt hatte, nahm für Don Quichotte* keinen Gitarrenunterricht . Aber ist die Gitarre in dieser Oper nicht ein Anachronismus? In einer Broschüre von Don Cecilio de Roda, die anlässlich der Feier zum 300. Jahrestag der Veröffentlichung von Cervantes' Roman herausgegeben wurde und die die musikalischen Bezüge in dem Werk zum Thema hat, finde ich: „Die Harfe war das bei den Frauen beliebteste aristokratische Instrument und scheint im *Don Quijote* als das weibliche Instrument schlechthin angesehen zu werden." Gab es die Gitarre, wie wir sie kennen, zu dieser Epoche bereits? Ich glaube, die *Vihuela* war die Gitarre der damaligen Zeit.... Maurice Ravel schrieb eine spanische Oper, *l'Heure Espagnole* (ein Akt, aufgeführt an der Pariser Opéra-Comique, 1911). Octave Séré (" Musiciens Deutsch d'Aujourd'hui ") sagt dazu: "Die Hauptzüge seines Charakters und der Einfluss des Sonnengebets kombinieren Entfremdung . De l'alliance de la mer et du Pays Basque (Ravel wurde in den Basses- Pyrénées , in der Nähe des Meeres, geboren) est née une musique à la fois Flüssigkeit und Nervenschädigung rhythmisch , beweglich, schwammig , Freund des Malers und nicht der Charakterzug ist so präzise wie tiefgründig ." Hugo Wolfs Oper *Der Corregidor* basiert auf dem Roman "Der Hut der drei Zwerge" des spanischen Schriftstellers Pedro de Alarcón (1833-91). Seine unvollendete Oper *Manuel Venegas* hat ebenfalls ein spanisches Thema, angeregt durch Alarcóns "Der Niño de la Bola". Andere spanische Opern sind Beethovens *Fidelio* , Balfes *Die Rose von Kastilien* , Verdis *Ernani* und *Il Trovatore* , Rossinis *Il Barbiere di Siviglia* , Mozarts *Don Giovanni* und *Le Nozze di Figaro* , Webers *Preciosa* (eigentlich ein Theaterstück mit Bühnenmusik), Dargomijskys *Der steinerne Gast* (Puschkins Version der Don Juan-Geschichte. Diese Oper war übrigens eine der vielen, die von Rimski-Korsakow überarbeitet und vervollständigt wurden), Rezniceks *Donna Diana* – und Wagners *Parsifal ! Die Oper Azara* des amerikanischen Komponisten John Knowles Paine , die ein maurisches Thema behandelt, wurde meines Wissens noch nie aufgeführt.

II

Die frühen religiösen Komponisten Spaniens verdienen eine Nische für sich, und sei sie noch so klein wie im vorliegenden Fall. Es besteht allerdings Zweifel, ob ihre Inspiration ausschließlich von der spanischen Halbinsel kam oder ob ein Teil davon aus Flandern herüberwehte und der Rest in Rom gesammelt wurde, denn in ihrem Dienst für die Kirche wanderten die meisten von ihnen nach Italien aus und leisteten dort ihre besten Werke. Es ist nicht die Absicht des vorliegenden Chronisten, diesen frühen Männern viel Raum zu widmen oder ihre Musik im Detail zu besprechen. Es gibt keine Bücher auf Englisch, die sich mit der spanischen Musik befassen, und nur wenige in anderen Sprachen, aber die wenigen, die es gibt, geben sich große Mühe, ausführlich (einige davon mit häufigen musikalischen Zitaten) den Stand der Musik in Spanien im 16., 17. und 18. Jahrhundert, der goldenen Periode, zu beschreiben. Dem Leser, der diesen Aspekt unseres Themas weiter vertiefen möchte, biete ich eine kleine Bibliographie an. Da wären zunächst einmal die beiden Bände „ Histoire de la Musique d'Espagne " von A. Soubies , die 1889 veröffentlicht wurden. Der zweite Band führt uns durch das 18. Jahrhundert. In diesen Bänden werden die religiösen und frühen weltlichen Komponisten katalogisiert, aber es wird wenig Wert auf Details gelegt, und er ist ein glücklicher Komponist, dem eine ganze Seite gewidmet wird. Soubies findet keine Gelegenheit, sich bei den meisten seiner Themen länger als einen Absatz aufzuhalten. Gelegentlich erleichtert er jedoch dem Leser das mühsame Vorankommen, etwa wenn er Pater Bermudos „ Declaración de Instrumentos " (1548; die Ausgabe von 1555 befindet sich in der Library of Congress in Washington) zitiert: „Es gibt drei Arten von Instrumenten in der Musik. Die ersten werden als natürlich bezeichnet; das sind Menschen, deren Gesang *musikalische Harmonie genannt wird* . Andere sind künstlich und werden durch Berührung gespielt – wie die Harfe, die *Vihuela* (die alte Gitarre, die der Laute ähnelt) und ähnliche; die Musik dieser

Instrumente wird als *künstlich* oder rhythmisch bezeichnet. Die dritte Art ist pneumatisch und umfasst Instrumente wie die Flöte, die Douçaine (eine Art Oboe) und die Orgel." Es mag einige geben, die diese geniale und höchst originelle Klassifizierung anfechten. Die bekannteste und vielleicht nützlichste (weil leicht zugängliche) Geschichte der spanischen Musik ist die von Mariano Soriano Fuertes in vier Bänden verfasste „Historia de la Música Española desde la venida de los Fenicios bis zum año de 1850"; veröffentlicht in Barcelona und Madrid im Jahre 1855. Es gibt außerdem das " Diccionario Técnico, Histórico , y Biográfico de la Música" von José Parada y Barreto (Madrid, 1867). Dies ist natürlich ein allgemeines Werk über Musik, aber Spanien bekommt seinen vollen Beitrag. Zum Beispiel sind anderthalb Seiten Beethoven gewidmet und neun Seiten Eslava. An diesen letztgenannten Komponisten müssen wir uns wenden, um das vollständigste und wichtigste Werk über spanische Kirchenmusik zu finden: "Lira Sacro-Hispana " (Madrid, 1869), in zehn Bänden, mit umfangreichen Auszügen aus den Werken der Komponisten. Diese Sammlung spanischer Kirchenmusik vom 16. bis zum 18. Jahrhundert mit biographischen Angaben zu den Komponisten ist vergriffen und selten (es gibt ein Exemplar in der Congressional Library in Washington). Als Ergänzung dazu möchte ich Felipe erwähnen. Pedrells „ Hispaniae Schola Musica Sacra", das 1894 begann und bereits den Umfang von Eslavas Werk erreicht hat. Pedrell , der Meister von Enrique Granados, hat auch eine schöne Ausgabe der Musik von Victoria herausgegeben.

Die spanischen Komponisten hatten im 16. und 17. Jahrhundert großen Anteil an der Kristallisation der Musik in Formen von bleibender Schönheit. Rockstro behauptet, dass im frühen 16. Jahrhundert fast alle besten Komponisten der großen römischen Chöre Spanier waren. Ihre größte Leistung war jedoch die Gründung der Schule, deren Krönung Palestrina war. In der Musik ihres eigenen Landes ist ihr Einfluss weniger spürbar. Ich glaube, der Name Cristofero Morales (1512-53) ist der erste wichtige Name in der Geschichte der spanischen Musik. Er war Palestrina in Rom vorausgegangen und einige seiner Messen und Motetten werden noch heute in der dortigen päpstlichen Kapelle (und in anderen römisch-katholischen Gebäuden und von Gesangsvereinen) gesungen. Francisco Guerrero (1528-99; diese Daten sind ungefähr) war ein Schüler von Morales. Er schrieb Vertonungen der Passionschöre nach Matthäus und Johannes sowie zahlreiche Messen und Motetten. Tomás Luis de Victoria ist natürlich die größte Persönlichkeit der spanischen Musik und neben Palestrina (mit dem er zeitgleich zusammenarbeitete) die größte Persönlichkeit der Musik des 16. Jahrhunderts. Soubies schreibt: „Man könnte sagen, dass ihm auf seiner musikalischen Palette in gewisser Weise die leuchtenden Farben Zurbarans, die realistischen und transparenten Töne Velasquez' und die idealen Schattierungen Juan de Juanes' und Murillos zur Verfügung stehen. Seine

Mystik ist die von Santa Theresa und San Juan de la Cruz." Die Musik von Victoria ist noch immer sehr lebendig und kann gelegentlich sogar in New York über die Musical Art Society gehört werden. Ob sie in amerikanischen Kirchen aufgeführt wird oder nicht, weiß ich nicht; die römischen Chöre singen sie noch immer …

Die Liste ließe sich endlos fortsetzen … aber die großen Namen habe ich genannt. Da sind Cabezón , den Pedrell den „spanischen Bach" nennt, Navarro, Caseda , Gomes, Ribera, Castillo, Lobo, Durón , Romero, Juarez. Insgesamt glaube ich, dass diese Komponisten mehr Einfluss auf Rom hatten – die Spanier sind ehrfürchtiger als die Italiener – als auf Spanien. Die modernen spanischen Komponisten haben mehr von Volksliedern und Tänzen gelernt als von den Kirchenkomponisten. Es gibt jedoch Stimmen, die dieser Meinung widersprechen. G. Tebaldini („ Rivista Musicale", Bd. IV, S. 267 und 494) sagt, dass Pedrell bei seinen Studien viel gelernt hat, was er beim Komponieren von Chorstücken für seine Opern berücksichtigt hat. Und Felipe Pedrell selbst behauptet, dass es eine ununterbrochene Kette zwischen den religiösen Komponisten des 16. Jahrhunderts und den Theaterkomponisten des 17. Jahrhunderts gibt. Wir können ihm bis hierher folgen, ohne zu glauben, dass die Theaterkomponisten des 17. Jahrhunderts einen allzu großen Einfluss auf die weltlichen Komponisten der Gegenwart hatten.

Drittes Kapitel

Die ganze Welt tanzt in Spanien, zumindest scheint es so, wenn man die Bücher der Marco Polos liest, die Entdeckungsreisen auf der Iberischen Halbinsel unternommen haben . Gitarren scheinen dort so üblich zu sein wie Erbsenpistolen in Neuengland, und das Klimpern scheint die Füße zum Klopfen und die Stimmen zum Singen zu bringen, egal was. (Havelock Ellis sagt: „Es ist für den Spanier nicht immer angenehm, wenn er feststellt, dass der Tanz von den Ausländern als eine besondere und wichtige spanische Institution angesehen wird. Selbst Valera mit seiner breiten Bildung konnte sich diesem Gefühl nicht entziehen; in einer Besprechung eines Buches über Spanien von einem amerikanischen Autor mit dem Titel ‚Das Land der Kastagnetten' – ein Buch, das er als voller Wertschätzung für Spanien erkannte – ärgerte sich Valera über den Titel. Es ist, sagt er, als ob ein Buch über die Vereinigten Staaten ‚Das Land des Specks' heißen sollte.") Die Melodien und Harmonien sind von orientalischem Kolorit durchzogen, von denen viele ihren arabischen Ursprung verraten; andere sind *Flamenco* oder Zigeuner. Die Tänze, fast immer von Gesang begleitet, sind im Allgemeinen im 3/4-Takt oder Varianten davon, wie 6/8 oder 3/8; der Tango ist natürlich im 2/4-Takt. Aber die Tänzer entwickeln aus diesen einfachen Takten die kunstvollsten Zwischenrhythmen und erzeugen dadurch eine Komplexität von Effekten, die sich jeder verständlichen Notation auf Papier entziehen.

Da der anspruchsvolle Komponist einige seiner natürlichsten und nationalsten Effekte auf dieser *Fioritura* - wenn ich das Wort in diesem Zusammenhang verwenden darf - der Tänzerin aufbaut, werde ich bei diesem Thema verweilen. La Argentina hat viele der spanischen Tänze für Konzertbühnen neu arrangiert, aber in ihrer Übersetzung hat sie diese interessante Komplikation des Rhythmus weitgehend beibehalten, indem sie die Unregelmäßigkeit des Takts mal mit einer eigentümlich komplizierten Detonation des Fersenklopfens, mal mit einem plötzlichen Beugen eines Knies, mal mit dem subtilen Zittern einer Wimper, mal mit einem Schauer von Kastagnettenfunken markiert (ein Instrument, das man nur mit harter Anleitung vollständig beherrschen kann; Richard Ford erzählt uns, dass sogar die Kinder auf den Straßen Spaniens Muscheln aneinanderschlagen, um sich den Umgang damit selbst beizubringen). Chabrier versuchte bei seinem Besuch in Spanien mit seiner Frau im Jahr 1882, einige dieser rhythmischen Variationen aufzuzeichnen, die die Tänzer erzielten, während die Musiker ihre Gitarren klimperten, und war damit teilweise erfolgreich. Aber insgesamt gelang es ihm nur, jede Variation in einem einzigen Takt wiederzugeben; er versuchte nicht, sie in das komplizierte Muster einzuflechten, das die spanischen Frauen aus ihnen zu machen versuchen.

nach einer Fotografie von White

La Argentinien

Zwischen diesem Fersenklopfen und dem komplizierten Trommelklopfen der afrikanischen Neger bestimmter Stämme ist eine merkwürdige Ähnlichkeit zu erkennen. In seinem Buch „Afro-American Folksongs" beschreibt HE Krehbiel die musikalische Begleitung der Tänze im Dahoman Village auf der World's Columbian Exposition in Chicago folgendermaßen: „Diese Tänze wurden von Chorgesängen und dem rhythmischen und harmonischen Schlagen von Trommeln und Glocken begleitet, wobei der Gesang im Einklang erfolgte. Die Harmonie war ein Dur-Tonika-Dreiklang, der rhythmisch auf höchst komplizierte und erstaunlich raffinierte Weise aufgebrochen wurde. Die Instrumente waren mit ausgezeichneter Genauigkeit gestimmt. Der Grundton kam von einer Trommel aus einem etwa drei Fuß langen ausgehöhlten Baumstamm mit einem einzigen Fell, die von jemandem gespielt wurde, der der Anführer der Band zu sein schien, obwohl es keine Signale gab. Diese Trommel wurde mit den Handflächen geschlagen. Eine Vielzahl kleinerer Trommeln, einige mit einem, einige mit zwei Fellen, wurden unterschiedlich mit Stöcken und Fingern geschlagen. Die Glocken, vier an der Zahl, waren aus Eisen und wurden mit der Mündung nach oben gehalten und mit Stöcken angeschlagen. Die Spieler zeigten das bemerkenswerteste rhythmische Gespür und Können, das mir je aufgefallen ist. Berlioz hat in seinem größten Einsatz mit seiner Armee von Trommlern nichts hervorgebracht, was sich künstlerisch mit dem harmonischen Trommeln dieser Wilden vergleichen ließe. Der grundlegende Effekt war eine Kombination aus doppeltem und dreifachem Takt, wobei ersterer von den Sängern, letzterer von den Trommlern eingehalten wurde. Es ist jedoch unmöglich, eine Vorstellung von der Fülle an Details zu vermitteln, die die Trommler durch den Austausch der Rhythmen, die gleichzeitige Synkopierung beider Takte und dynamische Mittel erreichten. Dies hätte nur durch die Erstellung einer Partitur der Musik erreicht werden können. Ich habe versucht, eine solche Partitur zu erstellen, indem ich die Hilfe des verstorbenen John C. Filmore in Anspruch nahm, der Erfahrung mit indischer Musik hat. Wir wurden jedoch von den Spielern daran gehindert, die offensichtlich unsere Absicht erahnten, als wir unsere Notizbücher herausholten, und boshaft ihre Spielweise änderten, sobald wir den Bleistift auf das Papier setzten.

Die Ähnlichkeit zwischen Neger- und spanischer Musik ist sehr auffällig. Herr Krehbiel sagt, dass in Südamerika die spanische Melodie dem Negerrhythmus aufgezwungen wurde. In den Tänzen der Spanier ist die Melodie, wie Chabrier hervorhebt, oft praktisch gleich Null; die Wirkung ist rhythmisch (eine Wirkung, die durch die offensichtlichen harmonischen und melodischen Einschränkungen der Gitarre, die alle Sänger und Tänzer ausnahmslos begleitet, noch verstärkt wird). Wenn es eine Melodie gäbe oder wenn die Gitarristen gut spielten (was sie normalerweise nicht tun), könnte man ihre Konturen wegen der „Olé!"-Rufe und der Fersenschläge der Darsteller nicht erkennen. Spanische Melodien sind in der Tat oft Bruchstücke von Melodien, wie die afrikanischen Negermelodien. Die Habanera ist ein echter afrikanischer Tanz, der über Kuba nach Spanien gebracht wurde, wie Albert Friedenthal in seinem Buch „Musik, Tanz und Dichtung " hervorhebt. bei den Kreolen Amerikas ." Wer auch immer dafür verantwortlich war, Araber, Neger oder Maure (Havelock Ellis sagt, dass die Tänze Spaniens eng mit den alten Tänzen Griechenlands und Ägyptens verwandt sind), die spanischen Tänze verraten ihren orientalischen Ursprung in ihrer rhythmischen Komplexität (eine Komplexität, die auf der gedruckten Seite überhaupt nicht offensichtlich ist, da so viel davon von Tänzer, Gitarrist, Sänger und sogar Publikum abhängt!) und den *Fio\nrituren* , die ihre Melodie schmücken, wenn Melodie vorkommt. Während spanische religiöse Musik vielleicht nicht eindeutig spanisch ist, weisen die Tänze ausnahmslos ausgeprägte nationale Merkmale auf; auf diesen also (einige in stärkerem, andere in geringerem Maße) haben die Komponisten in und außerhalb Spaniens ihre stimmungsvollsten Inspirationen aufgebaut, ihre besten Bilder des Volkslebens auf der Iberischen Halbinsel . Ein Großteil des Interesses dieser Musik ist auf die wichtige Rolle zurückzuführen, die die Gitarre bei ihrer Konstruktion spielt; die Modulationen verstoßen oft gegen alle Regeln der Harmonie und (dennoch, würden manche sagen) scheint die Musik vor Abwechslung und Feuer zu sprudeln. Über die Gitarristen sagt Richard Ford („Gatherings from Spain"): „Die Musiker sind selten sehr wissenschaftliche Musiker; sie begnügen sich damit, die Akkorde anzuschlagen, mit der ganzen Hand über die Saiten zu streichen oder mit dem Daumen auf die Saiten zu klopfen, was sie sehr gut beherrschen. Gelegentlich gibt es in den Städten jemanden , der dieses undankbare Instrument besser beherrscht; aber der Versuch ist ein Fehlschlag. Die Gitarre reagiert kalt auf italienische Wörter und ausgefeilte Melodien, die nie spanische Ohren oder Herzen erreichen." (Eine Ausnahme muss im Fall von Miguel Llobet gemacht werden. Ich hörte ihn zum ersten Mal bei Pitts Sanborns Konzert im Punch and Judy Theatre (17. April 1916) zugunsten des Hospital 28 in Bourges, Frankreich, spielen, und er machte einen tiefen Eindruck auf mich. In einer seiner Nummern, der *spanischen Fantasie* von Farrega , überraschte und begeisterte er mich. Er schien die Kapazität seines Instruments ständig zu überschreiten und eine wirklich erstaunliche Farbvielfalt zu erzielen . In dieser besonderen Nummer zupfte er nicht nur die Tastatur, sondern auch das Griffbrett in kompliziertem und schnellem *Tempo* ; scheinbar spielten zwei verschiedene Arten von Instrumenten. Aber er variierte ständig seinen Ton; manchmal ließ er das Instrument fast so klingen, als ob es von Wind gespielt und nicht gezupft worden wäre. Besonders fiel mir eine Andeutung des Dudelsacks auf. Ein wahrer Künstler. Keine der Musikstücke, die erwähnte Fantasie, eine

Serenade von Albéniz und ein Menuett von Tor, war besonders interessant, obwohl die Fantasie einige faszinierende Verweise auf Volkstanzmelodien. An Llobet ist nichts Sensationelles, er ist ein ruhiger, steifer Mann; er sitzt ruhig in seinem Stuhl und macht Musik. Es könnte eine Harfe oder ein Cello sein – kein Streben nach persönlicher Wirkung.)

Die spanischen Tänze sind unendlich zahlreich und scheinen seit Jahrhunderten ein fester Bestandteil des spanischen Lebens zu sein. Diskussionen darüber, wie sie getanzt werden, sind ein Merkmal der Beschreibungen. Offenbar sind sich keine zwei Autoren einig; für einen bloßen Kommentator ist die Tatsache offensichtlich, dass sie bei verschiedenen Gelegenheiten unterschiedlich getanzt werden. Es ist offensichtlich, dass sie in verschiedenen Provinzen unterschiedlich getanzt werden. Die Spanier sind, wie Richard Ford betont, nicht sehr bereit, Fremden Informationen zu geben, häufig weil ihnen selbst das Wissen fehlt. Ihre Aussagen sind oft irreführend, manchmal absichtlich. Sie verstehen das historische Temperament nicht. Bis vor kurzem wurden viele der Kunstschätze und Archive der Halbinsel nur schlecht aufbewahrt. Diejenigen, die im Schatten der Alhambra lebten, bewunderten nur ihren Schatten. Man kann sich vorstellen, dass noch weniger Interesse daran bestand, die Volkstänze aufzuzeichnen. "Tanzen ist in Spanien heute eine Sache, über die nur wenige etwas wissen", schreibt Havelock Ellis, "weil jeder davon ausgeht, dass er alles darüber weiß; und jede Frage zu diesem Thema erhält eine sehr schnelle Antwort, deren Richtigkeit meist fragwürdig ist." Über die Musik der Tänze sind viele Aufzeichnungen vorhanden, und wir können sicher sein, dass sie im Allgemeinen im 3/4-Takt oder dessen Varianten getanzt werden. Darüber, ob sie von zwei Frauen, einer Frau und einem Mann oder einer Frau allein getanzt werden, sind sich die Autoritäten nicht immer einig. Die orakelhafte Haltung der Schreiber trägt zur Verwirrung bei. Es scheint mir ziemlich sicher, dass dieses Verfahren variiert. Dass das belebte Bild fast immer eine große Faszination ausübt, können nur zu viele Zeugen beweisen. Ich selbst kann die Faszination einiger von ihnen bezeugen, die freilich in seltsame Rahmen gesetzt sind, zum Beispiel die Feria in Paris; aber auch ohne die Umgebung, die spanische Tänze erfordern, hat die Diablerie, die zitternde Intensität dieser fleischlichen Frauen, die immer eng mit solchen Schals umhüllt sind, wie sie in anderen Ländern nur die Mätressen der Könige tragen, den *wahren Nervenkitzel* erzeugt. Beim Tanzen sind nicht nur die Füße und Beine, sondern auch die Arme und eigentlich der ganze Körper gefragt.

Die elegante Welt in Spanien tanzt heute so wie anderswo, obwohl sie, wie man mir sagte, keinen Wert auf unseren Tango legt, der laut Herrn Krehbiel eine Abwandlung der ursprünglichen afrikanischen Habanera ist. Früher jedoch wurden viele dieser Tänze, wie die Pavana , die Sarabande und die

Gallarda , am Hof getanzt und waren beim Adel beliebt . (Obwohl Pavana und Gallarda vermutlich italienischen Ursprungs sind, waren sie in Spanien beliebter als in Rom. Fuertes sagt, die Sarabande sei Mitte des 16. Jahrhunderts von einer Tänzerin namens Zarabanda erfunden worden , die entweder aus Sevilla oder Guayaquil stammte.) Die Pavana , ein alter Tanz mit ernstem und würdevollem Stil, war im 16. und 17. Jahrhundert sehr in Mode. Eine Erklärung für ihren Namen ist, dass die von den Tänzern ausgeführten Figuren Ähnlichkeit mit dem halbkreisförmigen, radartigen Ausbreiten des Schweifs eines Pfaus haben. Die Gallarda (französisch: Gaillard) wurde normalerweise als Ergänzung zur Pavana getanzt (und folgt ihr tatsächlich oft in den Tanzsuiten der klassischen Komponisten, in denen diese Formen alle vorkommen). Die Jacara oder genauer Xacara des 16. Jahrhunderts wurde als Begleitung zu einem romantischen, verwegenen Liedchen getanzt. Die spanischen Folias waren eine Reihe von Tänzen, die zu einer einfachen Melodie getanzt wurden, die in verschiedenen Stilen mit sehr freier Begleitung durch Kastagnetten und Gesangseinlagen behandelt wurde. Corelli veröffentlichte 1700 in Rom 24 Variationen dieser Form, die in unseren Tagen von Fritz Kreisler und anderen Geigern gespielt werden.

werden die Namen der modernen spanischen Tänze in den Beschreibungen beobachtender Reisender oft verwechselt . Es gibt Hunderte solcher Beschreibungen und es ist schwierig, die aussagekräftigste auszuwählen. Gertrude Stein, die die letzten zwei Jahre in Spanien verbracht hat, hat den Rhythmus mehrerer dieser Tänze festgestellt, indem sie ihren ursprünglichen Wortgebrauch mit dem einschmeichelnden Mittel des *vers libre vermischte* . Meiner Meinung nach ist es ihr besser gelungen als manchen Musikern, die Feinheiten des Rhythmus anzudeuten. Ich würde hier gerne einen dieser Versuche abschreiben, aber dazu bin ich nicht berechtigt, da ich sie nur als Manuskript gesehen habe; im Druck sind sie noch nicht erschienen. Diese Stücke sind in gewissem Sinne die Sache selbst – ich werde auf Beschreibungen der Sache zurückgreifen müssen. Die Tirana , ein in der Provinz Andalusien verbreiteter Tanz, wird von Gesang begleitet. Er hat einen entschiedenen Rhythmus, der Gelegenheit für Anmut und Gesten bietet, die Frauen spielen mit ihren Schürzen, die Männer wedeln mit Hüten und Taschentüchern. Der Polo oder Ole ist heute ein Zigeunertanz. Mr. Ellis behauptet, er sei eine Verfälschung der Sarabande! Er fährt fort: „Die sogenannten Zigeunertänze Spaniens sind spanische Tänze, die die Spanier tendenziell aufgeben, die Zigeuner jedoch mit Energie und Geschick aufgegriffen haben." (Diese Theorie könnte heftig angefochten werden.) Der Bolero, ein verhältnismäßig moderner Tanz, kam über Italien nach Spanien. Mr. Philip Hale weist darauf hin, dass der Bolero und die Cachucha (von der man übrigens heutzutage kaum noch etwas hört) die populären spanischen Tänze waren, als Mesdames Faviani und Dolores Tesrai und ihre Anhängerinnen Mlle. Noblet und Fanny Elssler Paris besuchten. Fanny

Elssler wird tatsächlich am häufigsten in spanischer Tracht abgebildet, und die Cachucha wurde von ihr, so glaube ich, genauso oft getanzt, wie Mme. Pavlowa *Le Cygne von Saint-Saëns* tanzt . Marie-Anne de Camargo, die im frühen 18. Jahrhundert in Frankreich als Tänzerin großen Ruhm erlangte, wurde in Brüssel geboren, war jedoch spanischer Abstammung. Für ihren Erfolg verließ sie sich jedoch eher auf den klassischen italienischen Stil als auf nationale spanische Tänze. Die Seguidilla ist ein Zigeunertanz, der den gleichen Rhythmus wie der Bolero hat, aber lebhafter und mitreißender ist. Beispiele dieser Tänze sowie der Jota, des Fandango und der Sevillana finden sich in den im ersten Abschnitt dieses Artikels aufgeführten Kompositionen, in den Anhängen von Soriano Fuertes' „Geschichte der spanischen Musik", in Groves Wörterbuch, in den Ausgaben von „SIM", in denen die Briefe von Emmanuel Chabrier vorkommen, und in Sammlungen von P. Lacome, die in Paris veröffentlicht wurden.

Der Jota ist ein weiterer Tanz im 3/4-Takt. Jede Provinz in Spanien hat ihren eigenen Jota, aber die bekanntesten Varianten sind jene von Aragón, Valencia und Navarra. Er wird von Gitarre, Bandarria (ähnlich der Gitarre), kleiner Trommel, Kastagnetten und Triangel begleitet. Mr. Hale sagt, dass sein Ursprung im 12. Jahrhundert einem Mauren namens Alben Jot zugeschrieben wird, der von Valencia nach Aragón floh. „Der Jota", fährt er fort, „wird nicht nur bei Festen getanzt, sondern auch bei bestimmten religiösen Festen und sogar bei Totenwache. Ein Tanz namens ‚Natividad del Señor ‘ (Geburt unseres Herrn) wird am Weihnachtsabend in Aragón getanzt und von Liedern begleitet, und Jotas werden an den Kreuzungen gesungen und getanzt, um die Gunst der Jungfrau anzurufen, wenn das Fest Unserer Lieben Frau von Pilar in Saragossa gefeiert wird."

Havelock Ellis' Beschreibung der Jota ist es wert, wiedergegeben zu werden: „Die Aragonaise Jota, der wichtigste und typischste Tanz außerhalb Andalusiens, wird von einem Mann und einer Frau getanzt und ist eine Art Kampf zwischen ihnen; die meiste Zeit stehen sie sich gegenüber, beide benutzen Kastagnetten und rücken in einer scheinbar aggressiven Art vor und zurück, die Arme abwechselnd leicht angehoben und gesenkt, und die Beine, in einem scheinbaren Versuch, den Partner zu Fall zu bringen, treten abwechselnd etwas seitwärts aus, während der Körper schnell zuerst auf der einen und dann auf der anderen Seite gestützt wird. Es ist ein monotoner Tanz mit enormer Geschwindigkeit und Lebhaftigkeit in seiner Monotonie, aber er hat nicht die absichtliche Anmut und Faszination, die fröhliche Kühnheit des andalusischen Tanzes. Es gibt in der Tat nicht den geringsten Hinweis auf Wollust darin, aber man kann eher sagen, mit den Worten eines modernen Dichters, Salvador Rueda, dass er ‚das Geräusch von Helmen und Federbüschen und Lanzen und Bannern, das Brüllen von Kanonen, das Wiehern der Pferde, das Dröhnen der Schwerter.‘"

Chabrier liefert uns in seinen erstaunlichen und amüsanten Briefen aus Spanien lebendige Bilder und interessante Informationen. Dieser hier, geschrieben an seinen Freund Edouard Moullé aus Granada am 4. November 1882, erschien in "SIM" am 15. April 1911 (ich habe die musikalischen Illustrationen weggelassen, die jedoch für den Schüler von großem Wert sind): "In einem Monat muss ich das bezaubernde Spanien verlassen ... und den Spaniern Lebewohl sagen ,— denn, das sage ich nur Ihnen, sie sind sehr nett, die kleinen Mädchen! Ich habe keine wirklich hässliche Frau gesehen, seit ich in Andalusien bin: Ich spreche nicht von den Füßen, sie sind so klein, dass ich sie noch nie gesehen habe; die Hände sind winzig und gepflegt und die Arme von exquisiter Kontur; ich spreche nur von dem, was man sehen kann, aber es zeigt eine ganze Menge; dazu kommen die Arabesken, die Schläfenlocken und andere Einfallsreichtum der Frisur, der unvermeidliche Fächer, die Blume und der Kamm im Haar, weit hinten platziert, der Schal aus chinesischem Crêpe, mit langen Fransen und mit Blumen bestickt, geknotet um die Figur, der nackte Arm und das Auge geschützt durch Wimpern, die lang genug sind, um sich zu kräuseln; die Haut von mattweißer oder orangefarbener Farbe , je nach Rasse, und all dies lächelnd, gestikulierend, tanzend, trinkend und äußerst sorglos ...

„Das ist der Andalusier.

"Jeden Abend gehen wir mit Alice zu den Café-Konzerten, wo die malagueñas , die Soledas , die Sapateados und die Peteneras gesungen werden; dann die Tänze, absolut arabisch, um die Wahrheit zu sagen; wenn Sie sie zappeln, ihre Hüften ausrenken und sich verrenken sehen könnten, würden Sie, glaube ich, nicht versuchen, wegzulaufen!... In Málaga wurde das Tanzen so intensiv, dass ich mich gezwungen sah, meine Frau mitzunehmen; es war nicht einmal mehr unterhaltsam. Ich kann nicht darüber schreiben, aber ich erinnere mich daran und werde es Ihnen beschreiben. - Ich muss Ihnen nicht sagen, dass ich viele Dinge aufgeschrieben habe; der Tango, eine Art Tanz, bei dem die Frauen das Stampfen eines Schiffes nachahmen (*le tangage du navire*), ist der einzige Tanz im 2er-Takt; alle anderen sind alle im 3-4-Takt (Sevilla) oder im 3-8-Takt (Málaga und Cadiz); - im Norden ist es anders, es gibt etwas Musik in 5-8, sehr merkwürdig. Der 2-4 des Tangos ist immer wie die Habanera; das ist das Bild: eine oder zwei Frauen tanzen, zwei alberne Männer spielen, was immer sie wollen, auf ihren Gitarren, und fünf oder sechs Frauen heulen mit qualvollen Stimmen und in Triolenfiguren, die unmöglich zu notieren sind, weil sie die Melodie verändern – jeden Augenblick ein neues Stück Melodie. Sie heulen eine Reihe von Figurationen mit Silben, Wörtern, steigenden Stimmen, klatschenden Händen, die die sechs Achtel anschlagen und die dritte und die sechste betonen, Schreie von „Anda! Anda! La Salud! eso es la Maraquita ! gracia , nationidad ! Baila, la chiquilla ! Anda! Anda! Consuelo! Olé, la Lola, olé la Carmen! qué Danke !

was Eleganz ! Und all das, um die junge Tänzerin zu erregen. Es ist schwindelerregend – es ist unbeschreiblich!

"Die Sevillana ist etwas anderes: Sie ist im 3/4-Takt (und mit Kastagnetten)... Das Ganze wird mit zwei Locken, einem Paar Kastagnetten und einer Gitarre außerordentlich verführerisch. Es ist unmöglich, die Malagueña aufzuschreiben . Es ist jedoch eine Melopœia , die eine Form hat und immer auf der Dominante endet, zu der die Gitarre den 3/8-Takt liefert, und der Zuschauer (wenn es einen gibt), der neben dem Gitarristen sitzt, hält einen Stock zwischen seinen Beinen und schlägt den synkopierten Rhythmus; die Tänzer selbst synkopieren die Takte instinktiv auf tausend Arten und schlagen mit ihren Fersen eine unglaubliche Anzahl von Rhythmen... Es ist alles Rhythmus und Tanz: Die vom Gitarristen herausgeschabten Melodien haben keinen Wert; außerdem sind sie wegen der Schreie von Anda! la chiquilla ! qué nicht zu hören. Danke ! was Eleganz ! Und du! Olé! Olé! die Tänzerin ! Und je lauter die Schreie, desto lauter lacht die Tänzerin mit offenem Mund, dreht ihre Hüften und ist verrückt nach ihrem Körper …“

Da die Komponisten (nicht nur Albéniz, Chapí , Bretón und Granados, sondern auch Chabrier, Ravel, Laparra und Bizet) ihrer spanischen Musik ausnahmslos diese Tänze zugrunde legen, können wir uns hier noch etwas länger mit ihren Freuden beschäftigen. Die folgende überzeugende Beschreibung stammt aus Richard Fords sehr lesenswertem Buch „Gatherings from Spain“: „Der Tanz, der dem *Ghowasee* der Ägypter und dem *Nautch* der Hindus sehr ähnlich ist , wird von den Spaniern *Olé und* von den Zigeunern *Romalis genannt* ; seine Seele und sein Wesen bestehen im Ausdruck eines bestimmten Gefühls, das allerdings nicht sehr sentimentaler oder korrekter Natur ist. Die Damen, die keine Knochen zu haben scheinen, lösen das Problem der ständigen Bewegung, indem ihre Füße vergleichsweise eine Pfründe haben, während die ganze Person eine Pantomime aufführt und wie Espenblätter zittert; die geschmeidige Gestalt und Terpsichore-Figur eines jungen andalusischen Mädchens – ob Zigeunerin oder nicht – wurde, wie Gelehrte sagen, von der Natur als passender Rahmen für ihre wollüstige Fantasie geschaffen.

„Wie dem auch sei, der Gelehrte und klassische Kommentator wird jeden Augenblick Martial usw. zitieren, wenn er das unveränderte Balancieren der Hände sieht, die erhoben sind, als wollten sie Rosenregen auffangen, das Klopfen der Füße und die schlangenartigen, zitternden Bewegungen. Eine ansteckende Aufregung ergreift die Zuschauer, die wie Orientalen in gemessener Kadenz mit ihren Händen den Takt schlagen und bei jeder Pause mit Rufen und Klatschen applaudieren . Die so ermutigten Mädchen setzen ihre wilde Aktion fort, bis die Natur fast erschöpft ist; dann werden Anisschnaps, Wein und *Alpisteras* herumgereicht, und das Fest, das bis in die frühen Morgenstunden andauert, endet oft mit gebrochenen Köpfen, die hier als ‚Zigeunerkost' bezeichnet werden. Einem Fremden aus dem kalten Norden scheinen diese Tänze eher von Energie als von Anmut geprägt zu sein, und die Beine haben weniger zu tun als der Körper, die Hüften und die Arme. Der Anblick dieses unveränderten Zeitvertreibs der Antike, der den Spanier in Raserei versetzt, ekelt einen englischen Zuschauer eher an, möglicherweise aufgrund einer nationalen Missorganisation , denn, wie Molière sagt: „ L'Angleterre ist ein Produkt großer Menschen in den Wissenschaften und schönen Künsten, aber kein großer Tänzer – allez lire l'histoire ." (Eine Tatsache, die in unseren Tagen ebenso wahr ist wie zu Molières Zeiten.)

An bestimmten Tagen wird die Sevillana vor dem Hochaltar der Kathedrale von Sevilla getanzt. Reverend Henry Cart de Lafontaine („Proceedings of the Musical Association"; London, 33. Sitzung, 1906-7) gibt unter Berufung auf einen „französischen Autor" folgenden Bericht darüber: „Während Ludwig XIII. über Frankreich herrschte, hörte der Papst viel über den spanischen Tanz namens ‚ Sevillana'." Er wollte sich durch Augenzeugen vom Charakter dieses Tanzes überzeugen und äußerte seinen Wunsch gegenüber einem Bischof der Diözese Sevilla, der jedes Jahr Rom besuchte. Böse Zungen machen den Bischof für die ursprüngliche Idee verantwortlich. Wie dem auch sei, der Bischof hatte bei seiner Rückkehr nach Sevilla zwölf Jugendliche, die in allen komplizierten Schritten dieses andalusischen Tanzes gut unterrichtet waren. Er musste Jugendliche auswählen, denn wie konnte er Mädchen dem entsetzten Blick des Heiligen Vaters präsentieren? Als seine kleine Truppe gründlich geschult und perfektioniert war, nahm er die Gruppe mit nach Rom und die Audienz wurde arrangiert. Die „Sevillana" wurde in einem der Räume des Vatikans getanzt. Der Papst machte den jungen Darstellern, die in wunderschöne Seidenkostüme der damaligen Zeit gekleidet waren, herzliche Komplimente. Der Bischof bat demütig um Erlaubnis, diesen Tanz bei bestimmten Festen in der Kathedrale von Sevilla aufzuführen, und plädierte außerdem dafür, dieses Privileg auf diese Kirche zu beschränken. Der Papst hob durch seine eigene Petarde, wollte nicht ablehnen, sondern gewährte das Privileg mit der Einschränkung, dass es nur so lange gelten sollte, wie die Kostüme der Tänzer tragbar waren. Es versteht sich von selbst, dass diese Kostüme daher ständig repariert werden müssen, aber sie sollen ihre Identität bis heute behalten. Und das ist der Grund, warum die zwölf Jungen, die an bestimmten Feiertagen vor dem Hochaltar in der Kathedrale die „Sevillana" tanzen, das Kostüm aus der Regierungszeit von Ludwig XIII. tragen."

Das ist eine sehr schöne Geschichte, aber sie ist nicht unwidersprochen ... Gibt es irgendeine Aussage über spanischen Tanz oder spanische Musik, die unwidersprochen blieb? Sehen Sie sich dieses Bild und dies an: „Soweit sich dies aus Aufzeichnungen ableiten lässt", sagt Rhoda G. Edwards im „Musical

Standard", „scheint dieser Tanz in der Kathedrale von Sevilla schon immer in Gebrauch gewesen zu sein; als die Stadt im 13. Jahrhundert von den Mauren erobert wurde, war er zweifellos ein etablierter Brauch, und 1428 werden die sechs Jungen von Papst Eugen IV. als fester Bestandteil des Kapitels anerkannt. Der Tanz ist bekannt als der (*sic*) ‚Los Scises ' oder Tanz der sechs Jungen, die ihn zusammen mit vier anderen vor dem Hochaltar bei der Segnung an den drei Abenden vor der Fastenzeit und in den Oktaven von Fronleichnam und La Purissima (der Empfängnis Unserer Lieben Frau) tanzen. Die Kleidung der Jungen ist äußerst malerisch, sie tragen Pagenkostüme aus der Zeit Philipps III., blau für La Purissima und rote Satinwams mit blauen Schlitzen für die andere Gelegenheit; beim Tanzen werden auch weiße Hüte mit blauen und weißen Federn getragen. Der Tanz besteht normalerweise aus 25 Die Dauer und Form des Stücks von 15 Minuten scheint einzigartig und ähnelt keiner anderen spanischen Tanzform oder überhaupt der eines anderen Landes. Die Jungen begleiten die Symphonie auf Kastagnetten und singen beim Tanzen eine zweistimmige Hymne."

Von einem anderen Autor erfahren wir, dass religiöse Tänze auch anderswo in Spanien zu sehen sind als in der Kathedrale von Sevilla. Früher soll es üblich gewesen sein. Die Pilger zum Heiligtum der Jungfrau in Montserrat pflegten zu tanzen, und in den Kirchen von Valencia, Toledo und Jerez wurde getanzt. Religiöse Tänze waren bis ins 17. Jahrhundert weiterhin üblich, insbesondere in Katalonien. Ein Bericht über den Tanz in der Kathedrale von Sevilla findet sich in „Los Españoles Pintados por ja Mismos " (Seiten 287-91).

In dieser sehr unvollständigen und weitschweifigen Beschreibung des spanischen Tanzes sollte auch der Fandango erwähnt werden. Der Ursprung des Wortes ist unklar, aber der Tanz ist offensichtlich einer der lustigsten und wildesten spanischen Tänze. Wie die Malagueña ist er im 3:8-Takt, aber sein Geist unterscheidet sich stark von dieser sinnlichen Form tänzerischen Vergnügens. La Argentina teilt mir mit, dass „fandango" im Spanischen sehr viel mit „ bachanale " im Englischen oder Französischen zu tun hat. Es ist ein sehr alter Tanz und könnte, wie Desrat vermutet , ein Überbleibsel eines maurischen Tanzes sein . Mr. Philip Hale hat irgendwo den folgenden Bericht darüber gefunden:

"Wie ein elektrischer Schlag beleben die Töne des Fandango alle Herzen. Männer und Frauen, jung und alt, erkennen die Macht dieser Melodie über die Ohren und die Seele eines jeden Spaniers. Die jungen Männer springen auf ihre Plätze, rasseln mit Kastagnetten oder imitieren ihren Klang, indem sie mit den Fingern schnippen. Die Mädchen sind bemerkenswert für die geschmeidige Trägheit und Leichtigkeit ihrer Bewegungen, die Wollust ihrer Haltungen – sie schlagen den genauen Takt mit klopfenden Absätzen. Die

Partner necken und beschwören sich und verfolgen einander abwechselnd. Plötzlich hört die Musik auf, und jeder Tänzer zeigt sein Können, indem er absolut bewegungslos bleibt und wieder in das volle Leben des Fandango eintaucht, wenn das Orchester anstimmt. Der Klang der Gitarre, der Geige, das schnelle Tic-Tac der Absätze (*Taconeos*), das Knacken der Finger und Kastagnetten, das geschmeidige Wiegen der Tänzer erfüllen die Zuschauer mit Ekstase.

„Die Musik wirbelt in einem schnellen Dreiertakt dahin. Pailletten glitzern; das scharfe Klirren von Elfenbein- und Ebenholzkastagnetten schlägt die Kadenz seltsamer, pulsierender, ohrenbetäubender Töne – Assonanzen, die in der Musik unbekannt, aber seltsam charakteristisch, wirkungsvoll und berauschend sind. Inmitten des Raschelns der Seide leuchten Lächeln über weißen Zähnen, dunkle Augen funkeln und hängen herab und blitzen wieder in Flammen auf. Alles flattert und glitzert, ist Anmut und Lebendigkeit – bebend, klangvoll, leidenschaftlich, verführerisch. *Olé! Olé!* Gesichter strahlen und brennen. *Olé! Olé!*

„Der Bolero berauscht, der Fandango entflammt."

Es ist verständlich, dass das Studium des spanischen Tanzes und seiner Musik in Spanien weitergeführt werden muss. Mr. Ellis erklärt uns, warum: „Ein weiteres Merkmal des spanischen Tanzes, insbesondere der typischsten Art, die Flamenco genannt wird, liegt in seinen Begleitungen und insbesondere in der Tatsache, dass unter den richtigen Bedingungen alle Zuschauer selbst Darsteller sind.... Daher tritt am Ende eines Tanzes oft absolute Stille ein, ohne dass Applaus zu hören ist: Die Beziehung zwischen Darstellern und Publikum hat aufgehört zu existieren.... Der beste spanische Tanz wird durch die Anwesenheit eines gleichgültigen oder unsympathischen Publikums sofort getötet oder entwertet, und das ist wahrscheinlich der Grund, warum er nicht verpflanzt werden kann, sondern lokal bleibt."

Am Ende eines Tanzes tritt oft absolute Stille ein … Ich bin wieder in einem Untergrundcafé in Amsterdam. Es ist der Vorabend des Geburtstags der Königin, und die Holländer feiern. Der niedrige, rauchumhüllte Raum ist voll mit Studenten, Soldaten und Frauen. Jetzt nimmt eine schwächliche Frau ihren Platz am Klavier ein, das auf einem leicht erhöhten Podest an einer Seite des Raumes steht. Sie beginnt zu spielen. Der Tanz beginnt. Es ist nicht Frau mit Mann; der Tanz ist zwanglos. Einige tanzen zusammen, und andere allein; einige singen die Melodie, andere kreischen, aber alle machen Lärm. Immer schneller und lauter wird die Musik herausgehämmert, und der Tanz wird immer wilder. Ein Tablett mit Gläsern wird aus der nach oben gerichteten Handfläche eines verschwitzten Kellners getreten. Kellner, zerbrochenes Glas, Tänzer, alle liegen, ein lachender Haufen, auf dem Boden. Ein Soldat und eine Frau stehen in gegenüberliegenden Ecken, mit dem Gesicht zu den Ecken; dann gehen sie, ohne sich umzudrehen, in rasendem Tempo zurück in die Mitte des Raumes; der Zusammenstoß ist entsetzlich. Hand in Hand umringen die verrückten Tänzer den Raum und werfen Konfetti, Bier, alles mögliche. Ein schwerer Krug zertrümmert zwei Zähne – die Wunde blutet – aber der Tänzer hält nicht an. Lärm, Aktion und Farbe werden zu Synonymen. Es gibt kein Entkommen vor der Macht. Ich werde in den Kreis gezogen. Plötzlich verstummt die Musik. Alle Tänzer halten inne. Der Soldat sieht die Frau an seiner Seite nicht mehr an; kein Wort wird gesprochen. Die Leute schleppen sich schwerfällig zu den Stühlen. Die Frau sucht nach einem Glas Wasser, um den Schmerz ihres blutenden Mundes zu lindern. Ich denke, Jaques-Dalcroze hat recht, wenn er versucht, Zuschauer und Schauspieler, Drama und Publikum zu vereinen.

IV

Im vorhergehenden Abschnitt habe ich vielleicht zu stark auf die Beziehung zwischen Volkslied und Tanz bestanden. Es stimmt, dass die beiden bei der Aufführung selten getrennt werden (obwohl nicht alle Lieder getanzt werden; zum Beispiel die *Cañas* und *Playeras* in Andalusien). Die meisten Volkslieder Spaniens sind jedoch zum Tanzen gedacht; sie basieren auf Tanzrhythmen und tragen die Namen von Tänzen. So wird die Jota immer zur gleichen Musik getanzt, obwohl es zu verschiedenen Zeiten und in verschiedenen Provinzen große Unterschiede gibt. Natürlich erzielen die Volkslieder ihre beste Wirkung, wenn sie getanzt werden, in der Polyrhythmik, die durch die gegensätzlichen Rhythmen von Gitarrenspieler, Tänzer und Sänger erreicht wird. Wenn es keinen Tänzer gibt , wird dieser Mangel manchmal dadurch ausgeglichen, dass jemand mit einem Stock auf den Boden klopft, um das Dröhnen der Absätze zu imitieren.

Blinde Bettler haben in gewissen Provinzen die Angewohnheit, die Lieder mit einer Fülle von blumigen Verzierungen zu singen, Verzierungen, die bei der Aufführung immer mit orientalischen Melodien verbunden sind, und diese Verzierungen spielen noch immer eine beträchtliche Rolle , wenn der Sänger zu einem wesentlichen Bestandteil der Begleitung eines Tänzers wird. Chabrier gibt in einem seiner Briefe mehrere Beispiele dafür. Unter diesen Umständen ist leicht zu erkennen, dass niedergeschriebene spanische Volkslieder ziemlich bloße Erinnerungen an die echten Lieder sind, und wenn sie von Sängern gesungen werden, die die traditionelle Art ihrer Aufführung nicht kennen, klingen sie wahrscheinlich ziemlich banal. Dasselbe könnte man von den Volksliedern der Neger in Amerika oder den Volksliedern in Russland oder Ungarn sagen, aber mit viel weniger Wahrheit, denn die Volkslieder dieser Länder besitzen normalerweise eine melodische Faszination, die den Volksliedern Spaniens selten eigen ist. Um ihre Wirkung zu erzielen, müssen sie von Spaniern so weit wie möglich nach der Art des Volkes vorgetragen werden. Tatsächlich sind ihr Geist und ihre polyrhythmischen Effekte für ihre richtige Interpretation viel wichtiger als ihre Melodie, wie viele Zeugen betont haben.

Spanische Musik ist für westliche Ohren tatsächlich größtenteils unangenehm; ihr fehlt die traurige Monotonie und die klagende Intensität echter orientalischer Musik; vieles davon ist laut und schrill, wie das heiße Sonnenlicht der Iberischen Halbinsel . Viele West- oder Nordeuropäer haben jedoch stundenlang Freude daran gefunden, den Melodien zuzuhören, die oft klingen, als wären sie improvisiert und von einem Bettler oder Bergsteiger gesungen worden.

Die Sammlungen dieser Lieder sind keineswegs vollständig, und nur wenige von ihnen versuchen mehr als eine Zusammenstellung der Lieder eines Ortes oder Volkes. Es wurden Schlussfolgerungen gezogen. So ist beispielsweise zu beachten, dass die baskischen Lieder eine unregelmäßige Melodie und einen unregelmäßigen Rhythmus aufweisen und sich außerdem durch ungewöhnliche Tempi auszeichnen, 5-8 oder 7-4. In Aragón und Navarra ist das beliebte Lied (und der beliebte Tanz) die Jota, in Galicien die Seguidilla; die katalanischen Lieder ähneln den Volksweisen Südfrankreichs. Die andalusischen Lieder sind wie die Tänze dieser Provinz die schönsten von allen, oft wahrhaft orientalisch in ihrem Rhythmus und ihrer Blumigkeit. In Spanien sind die Zigeuner zu einem integralen Bestandteil des Volkslebens geworden, und es ist manchmal schwierig zu bestimmen, was *Flamenco* und was spanisch ist. Es wurden jedoch Sammlungen (zugegebenermaßen nur wenige) von Zigeunerliedern versucht.

Villancicos und die frühen Liedermacher angesprochen . Um diesen Themen gerecht zu werden, wäre viel mehr Platz und eine andere Absicht erforderlich. Wer sich dafür interessiert, kann diesen Themen in Pedrells verschiedenen Werken nachgehen. Die am leichtesten erhältliche Sammlung spanischer Volkslieder ist die von P. Lacome und J. Puig y Alsubide (Paris, 1872). Es gibt mehrere Sammlungen baskischer Lieder; erwähnt werden können auch Demófilos „ Colección de Cantos Flamencos" (Sevilla, 1881), Cecilio Ocóns Sammlung andalusischer Volkslieder und F. Rodríguez Maríns „Cantos Populares Españoles " (Sevilla, 1882-3).

V

Nach dem Stierkampf ist die Zarzuela die beliebteste Unterhaltungsform in Spanien, die einzige ausgeprägte Kunstform, die die spanische Musik entwickelt hat, aber es hat keinen Fortschritt gegeben; die Form hat sich seit ihrer Erfindung im frühen 17. Jahrhundert nicht verändert, außer vielleicht degeneriert. Soriano Fuertes und andere Schriftsteller haben seitenlang getrauert, weil spanische Komponisten keine Gelegenheit hatten, aus der Zarzuela etwas Großartigeres und Wichtigeres zu machen. Tatsache bleibt, dass sie es nicht getan haben, obwohl sie, ob klein oder groß, alle versucht haben, diese Unterhaltungsstücke zu schreiben. Aber so wie sie die Zarzuela vorfanden, so hinterließen sie sie. Man muss zugeben, dass sich diese Form deutlich von der Oper unterscheidet und nicht mit ihr verwechselt werden sollte. Und die Spanier haben wahrscheinlich recht, wenn sie behaupten, dass die Zarzuela die Mutter der französischen Opéra -bouffe ist. Zumindest muss man zugeben, dass Offenbach und Lecocq und ihre Vorgänger einen Teil des Keims ihrer Inspiration der spanischen Form verdanken. Heute werden die Melodienschränke der Zarzuela-Märkte geplündert, um Melodien für französische *Revuen zu finden* , und so beliebte Melodien wie *La Paraguaya* und *Y ... Como le Vá ?* wurden ursprünglich in spanischen Theatern getanzt und gesungen. Der Komponist dieser Melodien, J. Valverde *fils , fand den französischen Markt tatsächlich so gut, dass er nach Paris auswanderte und seit einiger Zeit musique mélangée ... une moitié de chaque nation* schreibt . So *La Rose de Grenade wurde für Paris komponiert und könnte, mit leichten melodischen Änderungen und* tauromachischen Anspielungen im Buch, für Spanien geschrieben worden sein .

Die Zarzuela ist normalerweise ein Einakter (obwohl sie manchmal auch zwei oder mehr Akte umfassen darf), in dem die Musik durch gesprochene Dialoge unterbrochen wird, die wiederum nationalen Tänzen Platz machen. Sehr oft wird die gesamte Partitur sowohl getanzt als auch gesungen. Das Thema ist normalerweise komisch und oft aktuell, obwohl es ernst, poetisch oder sogar tragisch sein kann. Die Schauspieler führen oft eigene Dialoge ein, wobei sie frei „würgen"; manchmal führen sie lange improvisierte Gespräche mit Mitgliedern des Publikums. Sie schmücken die Musik auch nach dem Vorbild der großen Sänger der alten italienischen Oper (Dr. de Lafontaine behauptet, dass das spanische Publikum, sogar in Kabaretts, solche Ausschmückungen verlangt). Die Musik ist temperamentvoll und lebhaft und erreicht in den Tänzen, je nach Fall , andalusisch, *Flamenco* oder sevillanisch , ihre besten Ergebnisse. HV Hamilton sagt in seinem Aufsatz zu diesem Thema in Grove's Dictionary: „Die Musik ist ... in ihrer Form eher vage, wenn die Formen der Nationaltänze und Volkslieder vermieden werden. Die Orchestrierung ist ein wenig aufdringlich." Man wird sehen, dass diese Beschreibung auf Granados' *Goyescas* (die Oper) zutrifft, die während der Tänze auf ihrem sichersten Boden ist und zu anderen Zeiten übermäßig vage wird; aber *Goyescas* ist keine Zarzuela, weil es keinen gesprochenen Dialog gibt. Ansonsten trägt sie die Kennzeichen. Eine Zarzuela steht irgendwo zwischen einer französischen *Revue* und einer Opéra -comique. Sie ist jedoch normalerweise informeller im Ton als letztere und oft entschieden ernster als erstere. Alle Musiker in Spanien seit der Erfindung dieser Form (mit Ausnahme natürlich bestimmter ausschließlich religiöser

Komponisten) und die meisten Dichter und Dramatiker haben zahlreiche Beispiele beigesteuert. So schrieb Calderon die erste Zarzuela, und Lope de Vega steuerte in ähnlicher Reihenfolge Texte zu Unterhaltungsstücken bei. In unserer Zeit hat Miguel Echegaray, der Bruder von José Echegaray, eine der beliebtesten Zarzuelas geschrieben, *Gigantes y Cabezudos* (die Musik stammt von Caballero). Das Thema ist das Fest von Santa María del Pilar. Es wurde viele Male lang aufgeführt und wird oft wiederbelebt. Eine andere sehr beliebte Zarzuela, die fast, wenn nicht sogar ganz, in New York zu hören war, ist *La Gran Vía* (von Valverde, *père*), die in London in erweiterter Form aufgeführt wurde. Die wichtigsten Theater für die Zarzuela in Madrid sind (oder waren bis vor kurzem) das Teatro de Zarzuela in der Calle de Jovellanos und das Apolo. Normalerweise werden an einem Abend vier verschiedene Zarzuelas vor ebenso vielen Zuschauern aufgeführt.

La Gran Vía , das in mancher Hinsicht als typische Zarzuela gelten kann, besteht aus einer Abfolge von Tanzmelodien, die nicht einheitlicher sind, als ihre nationale Bedeutung vermuten lässt. Es gibt eine Einleitung und eine Polka, einen Walzer, einen Tango, eine Jota, eine Mazurka, einen Schottisch, einen weiteren Walzer und einen Two-Step (*Paso Doble*). Die Melodien unterscheiden sich kaum; und auch die Orchestrierung kann nicht als brillant bezeichnet werden. Es gibt viel Lärm und abwechslungsreiche Rhythmen, und bei richtiger Darbietung muss die Wirkung genau die eines der von Chabrier beschriebenen Tanzlokale sein. Um die Zarzuela genießen zu können, muss man sie tatsächlich in Spanien sehen. Wie der spanische Tanz erfordert sie ein besonderes Publikum, um ihre besten Seiten hervorzubringen. Es muss eine gewisse Elektrizität vorhanden sein, zumindest ein Element von Sympathie, um die Sache erfolgreich durchzuziehen. Ein Blick auf die Partituren der Zarzuelas (viele davon wurden gedruckt und einige sind in unseren Bibliotheken zu sehen) wird jeden davon überzeugen , dass Mr. Ellis es milde ausdrückt, wenn er sagt, dass die Spanier Lärm lieben. Die Kombination dieses Lärms mit schönen Frauen, Tanz, ausgefeiltem Rhythmus und einem schreienden Publikum scheint jedoch in der spanischen Volksliebe fast dem Tanz im Café-Konzert und den tauromachischen Spektakeln gleichzukommen. (Natürlich gibt es, wie ich bereits angedeutet habe, melodisch und dramatisch ernstere Zarzuelas; aber da *La Gran Vía* von Schriftstellern häufig als eines der beliebtesten Beispiele erwähnt wird, kann es als typisch für die große Zahl dieser Unterhaltungen ausgewählt werden.)

HV Hamilton sagt, dass die erste Aufführung einer Zarzuela im Jahr 1628 stattfand (Pedrell gibt als Datum den 29. Oktober 1629 an), während der Herrschaft von Felipe IV., im Palast der Zarzuela (so genannt, weil er von *zarzas* , Brombeersträuchern, umgeben war). Sie hieß *El Jardín de Falerina* ; der Text stammte von dem großen Calderon und die Musik von Juan Risco,

Kapellmeister der Kathedrale von Córdoba, so Hamilton, der in diesem Detail zweifellos Soriano Fuertes folgt. Soubies , der den moderneren Studien von Pedrell folgt , gibt Jóse Peyró die Ehre. Pedrell , in seinem reich dokumentierten Werk "Teatro Lírico Español anterior al siglo XIX" schreibt die Musik dieser Zarzuela Peyró zu und gibt ein Beispiel dafür. Aus derselben Zeit stammt die erste spanische Oper, Lope de Vegas *La Selva sin Amor* (1629). Tatsächlich wurden viele Stücke von Calderon und Lope de Vega mit Musik aufgeführt, um die Wirkung der Deklamation zu verstärken, und vor und während aller Stücke wurden musikalische Vorspiele und Zwischenspiele aufgeführt. Lana, Palomares, Benavente und Hidalgo gehörten zu den Musikern, die dem Theater dieser Zeit Musik beisteuerten. Hidalgo schrieb die Musik für Calderons Zarzuela *Ni Amor se Libre de Amor* . Zur selben Gruppe gehören Miguel Ferrer, Juan de Navas, Sebastian Durón und Jerónimo de la Torre. (Beispiele der Musik dieser Männer finden sich im bereits erwähnten "Teatro Lírico ".) Bis 1659 Zarzuelas wurden von den besten Dichtern und Komponisten geschrieben und häufig an königlichen Geburtstagen, bei königlichen Hochzeiten und zu vielen anderen Anlässen aufgeführt; danach geriet die Kunst jedoch in einen Niedergang und scheint während des gesamten 18. Jahrhunderts in Vergessenheit geraten zu sein. Laut Soriano Fuertes markierte der Beginn der Herrschaft von Felipe V die Einführung der italienischen Oper in Spanien (die dort bis heute populärer ist als die spanische Oper) und den Niedergang des Nationalismus (ganze Seiten von Fuertes lesen sich sehr ähnlich wie die Klagen moderner englischer Komponisten über die Vernachlässigung nationaler Komponisten in ihrem Land). 1829 kam es zu einer Wiederbelebung des Interesses an spanischer Musik und in Madrid wurde ein Konservatorium gegründet. (Für eine Diskussion dieser späteren Periode sei der Leser auf „La Opera Española en el Siglo XIX“ von Antonio Peña y Goñi, 1881.) Dieses Interesse wurde von Fuertes und Pedrell gefördert , und die jüngeren Komponisten von heute berücksichtigen es in gewisser Weise. Es besteht tatsächlich Hoffnung, dass spanische Musik wieder ihren Platz in der Welt der Kunst einnehmen kann.

Natürlich entstand die Zarzuela nicht aus dem Nichts, und ihre wahren Ursprünge liegen nicht ganz im Dunkeln. Es besteht allgemeine Übereinstimmung darüber, dass ein Priester, Juan del Encina (geboren 1468 in Salamanca), der wahre Begründer des weltlichen Theaters in Spanien war. Seine dramatischen Kompositionen haben den Charakter von Eklogen nach vergilischen Vorbildern. In allen wird gesungen, und in einer wird getanzt. Isabel die Katholische hatte im 15. Jahrhundert stets eine Truppe von Musikern und Dichtern unter ihrer Leitung, die sie in ihrer Kapelle mit Motetten und *Plegarien* (frz. *prière*) und in den königlichen Gemächern mit *Canciones* und *Villancicos trösteten und beruhigten* . (*Canciones* sind Lieder, die in Richtung Balladenform gehen. *Villancicos* sind Lieder im alten spanischen

Versmaß; sie verdanken ihren Namen ihrem rustikalen Charakter, da sie vermutlich zuerst von den *Villanos* oder Bauern für das Weihnachtsfest und andere kirchliche Feste komponiert wurden.) „Die wahren Ursprünge des spanischen Musikspektakels", erklärt Soubies , „müssen in den *Villancicos* und *Cantacillos gesucht* werden, die sich in den Werken von Juan del Encina und Lucas Fernández mit den Dialogen abwechselten, ohne die *Ensaladas* , *Jácaras* usw. zu vergessen, die als Zwischenspiele und Auftakt dienten." Diese wurden vor dem Vorhang, vor der Aufführung des Dramas (und in den Pausen, mit Scherzen) von Frauen in Hoftracht gesungen und brachten später eine eigene Form hervor (und trugen auch zur Entstehung der Zarzuela bei), die *Tonadilla* , die, von Gitarre oder Violine begleitet und mit Tänzen unterbrochen, viele Jahre lang sehr beliebt war. HV Hamilton liegt wahrscheinlich auf sicherem Boden, wenn er sagt: „Dass die erste Zarzuela mit dem ausdrücklichen Wunsch nach Erweiterung und Entwicklung geschrieben wurde, ist allerdings nicht so sicher, wie dass sie das Ergebnis des Wunsches war, das neue Haus der Unterhaltung mit etwas völlig Originellem und Neuem einzuweihen."

VI

Richard Ford sagt, dass Spanien zu seiner Zeit nicht sehr musikalisch war. Reverend Henry Cart de Lafontaine sagt, dass die zeitgenössischen musikalischen Gottesdienste in den Kirchen aus künstlerischer Sicht nicht ernst zu nehmen seien. Emmanuel Chabrier war beeindruckt von der Tatsache, dass die Musik zum Tanz in ihrer Wirkung fast ausschließlich rhythmisch war, grob auf der Gitarre gezupft wurde, während die Zuschauer einen solchen Lärm machten, dass es praktisch unmöglich war, eine Melodie zu erkennen, wenn es eine gegeben hätte. Und alle Beobachter weisen auf die italienische Oper hin, die in Spanien immer noch die beliebteste Oper ist (in Barcelona werden im Liceo nach der regulären Saison auf Italienisch drei Wochen lang Oper auf Katalanisch aufgeführt; in Madrid wird im Teatro-Real die spanische Saison in die italienische verstreut), und auf Señor Arbós Konzerte (derselbe Señor Arbós , einst Konzertmeister des Boston Symphony Orchestra, bei dem Brandenburgische Konzerte und Beethoven-Symphonien häufiger aufgeführt werden als Werke von Albéniz. Noch immer gibt es spanische Komponisten, und das hat es im Laufe des letzten Jahrhunderts immer gegeben, und einige von ihnen haben in der Außenwelt für ein wenig Aufsehen gesorgt, obwohl sich viele damit zufrieden gegeben haben, ihre künstlerische Energie auf die Herstellung von Zarzuelas zu verwenden – mit anderen Worten, in Spanien für viel Aufsehen zu sorgen. In den meisten modernen Fällen ist jedoch das Interesse an nationalen Formen wieder aufgelebt, und Volkslieder und Volkstänze haben einen wichtigen Anteil zur Arbeit der Komponisten beigetragen. Keiner hat mehr getan, um dieses Interesse am Nationalismus zu fördern, als Felipe Pedrell , von dem man sagen kann, dass er in Spanien das Werk begann, das die „Fünf" in Russland vollendeten. Pedrell sagt in seinem „Handbuch" (Barcelona, 1891; Heinrich und Co.; französische Übersetzung von Bertal ; Paris, Fischbacher): „Das Volkslied, die Stimme des Volkes, die reine, ursprüngliche Inspiration des anonymen Sängers, durchläuft den Destillierkolben der zeitgenössischen Kunst und man erhält dadurch seine Quintessenz; der Komponist assimiliert es und enthüllt es dann in der feinsten Form, die nur die Musik in ihrem technischen Aspekt wiedergeben kann, und zwar dank der außerordentlichen Entwicklung der Technik unserer Kunst in dieser Epoche. Das Volkslied verleiht den Akzent, den Hintergrund, und die moderne Kunst verleiht alles, was sie besitzt, ihre konventionelle Symbolik und den Reichtum der Form, der ihr Erbe ist. Der Rahmen wird so erweitert, dass das *Lied* eine entsprechende Entwicklung durchmacht ; könnte man dann sagen, dass das nationale lyrische Drama dasselbe erweiterte *Lied ist* ? Ist das nationale lyrische Drama nicht das Produkt der Kraft der Aufnahme und der schöpferischen Kraft? Sehen wir darin nicht nicht nur die künstlerische Eigenart jedes Komponisten getreu widergespiegelt, sondern alle künstlerischen Ausdrucksformen des Volkes?" In Spanien wird immer nach neuen Komponisten gesucht und immer die Hoffnung, dass ein Mann kommt, der von der Welt anerkannt wird. Infolgedessen erhalten die jüngeren Komponisten in Spanien oft mehr Bewunderung, als ihnen gebührt. Man muss bedenken, dass die erfolgreichste spanische Musik nicht ernst ist, die Spanier selbst sind eher leichterer Natur.

Ich zögere einen Augenblick bei dem Namen Martin y Solar, geboren in Valencia, gestorben 1806 in St. Petersburg, von den Spaniern wegen seines Musikstils „der Italiener" und von den Italienern „lo Spagnuolo" genannt. Da Ponte schrieb mehrere Opernbücher für ihn, darunter *L'Arbore di Diana* , *La Cosa Rara* und *La Capricciosa Corretta* (eine Version von *Der Widerspenstigen Zähmung*). Man sieht, dass er als typisch spanischer Komponist bedeutungslos ist, und ich habe diese kurze Erwähnung ihm gegenüber nur gemacht, um zu erzählen, wie Mozart in der Abendessensszene von *Don Giovanni eine Melodie aus einer seiner Opern zitierte* . Zu dieser Zeit war Martin y Solar in Wien beliebter als Mozart selbst, und die fragliche Melodie war so bekannt , wie wir beispielsweise Musettas Walzer kennen.

Juan Chrysostomo Arriaga, geboren 1808 in Bilbao, gestorben 1828 (diese Daten sind in Grove angegeben: 1806-1826), ist eine andere Sache. Er wäre vielleicht bekannter geworden, wenn er länger gelebt hätte. Tatsächlich wurden einige seiner Stücke in London und Paris aufgeführt, und vielleicht auch in Amerika, obwohl ich keine Aufzeichnungen darüber habe. Er studierte in Paris am Conservatoire Harmonie bei Fétis und Violine bei Baillot . Noch bevor er nach Paris ging, hatte er als Kind, ohne die Regeln der Harmonie zu kennen, eine Oper geschrieben! Cherubini bezeichnete seine Fuge für acht Stimmen über die Worte des Credo „Et Vitam Venturi“ als wahres Meisterwerk , zumindest gibt es eine Legende dazu. 1824 schrieb er drei Quartette, eine Ouvertüre, eine Sinfonie, eine Messe und einige französische Kantaten und Romanzen. García hielt seine Oper *Los Esclavos Felices* für so gut, dass er vergeblich versuchte, ihr eine Aufführung in Paris zu verschaffen. Sie wurde in Bilbao aufgeführt, wo, so glaube ich, der hundertste Geburtstag des Komponisten gefeiert wurde.

Manuel García ist uns eher als Sänger, Impresario und Vater bekannt denn als Komponist! Dennoch hat er sehr viel Musik geschrieben (das Gleiche gilt für Mme. Malibran ; für eine Liste der Kompositionen der Diva muss ich den Leser auf Arthur Pougins Biographie verweisen). Fétis zählt siebzehn spanische, neunzehn italienische und sieben französische Opern von García auf. Seine Werke wurden in Madrid, an der Pariser Opéra (*La mort du, Tasse* und *Florestan*), im Italiens in Paris (*Fazzoleto*), an der Opéra-Comique in Paris (*Deux Contrats*) und an vielen anderen Theatern aufgeführt. Aber letzten Endes beruht Manuel Garcías Ruf noch immer auf seinem Gesang und seinen Töchtern. Seine Kompositionen sind vergessen; und auch seine Musik war wahrscheinlich größtenteils nicht wirklich spanisch. (Ich habe jedoch ein Polo [eine Serenade] aus einer Oper mit dem Titel „ *El Poeta Calculista“ gehört* , das einen so spanischen Akzent und eine so spanische Harmonie hat – und so schön –, dass es einen Platz in einer Sammlung von Volksliedern gefunden hat!)

Miguel Hilarión Eslava (geboren in Burlada am 21. Oktober 1807, gestorben in Madrid am 23. Juli 1878) ist vor allem für seine bereits erwähnte Zusammenstellung „Lira Sacra- Hispana “ berühmt. Darüber hinaus komponierte er, nachdem er 1844 zum Kapellmeister von Königin Isabella ernannt worden war, über 140 Stücke Kirchenmusik, Messen, Motetten, Lieder usw. sowie mehrere Opern, darunter *El Solitario* , *La Tregua del Ptolemaide* und *Pedro el Cruel* . Er schrieb auch mehrere Bücher über Theorie und Komposition: „ Método de Solfeo “ (1846) und „Escuela de Armonía y Composición “ in drei Teilen (Harmonie, Komposition und Melodie). Er war (1855–1856) Herausgeber der „Gaceta Musical de Madrid“.

Es gibt den berühmten Virtuosen Pablo de Sarasate, der Musik schrieb, aber sein Andenken ist vielleicht in Whistlers teuflischem Porträt besser erhalten als in seinen eigenen Kompositionen.

Felipe Pedrell (geboren am 19. Februar 1841) ist vielleicht auch als Autor musikalischer Themen und aufgrund seines Einflusses auf die jüngere Komponistenschule (er unterrichtet am Konservatorium von Barcelona, und seine Haltung zum Nationalismus wurde bereits besprochen) bedeutender als als Komponist. Dennoch zögert Edouard Lopez-Chavarri nicht, seine

Trilogie *Los Pireneos* (Barcelona, 1902; der Prolog wurde 1897 in Venedig aufgeführt) als das bedeutendste in Spanien geschriebene Theaterwerk zu bezeichnen. Seine erste Oper, *El Último Abencerraje* , wurde 1874 in Barcelona aufgeführt. Einige seiner weiteren Werke sind *Quasimodo* , 1875, *El Tasso á Ferrara* , *Cleopatra* , *Mazeppa* (Madrid, 1881), *La Celestina* (1904) und *La Matinada* (1905). JA Fuller-Maitland sagt, dass der Einfluss Wagners in all seinen Bühnenwerken erkennbar ist. (Wagner wird in Spanien verehrt; *Parsifal* wurde im Liceo in Barcelona achtzehn Mal in einem Monat aufgeführt.) Wenn das stimmt, wird sein Fall auch andere Ähnlichkeiten mit dem der russischen „Fünf" aufweisen, die es in ihrem Streben nach Nationalismus schwer fanden, alle ausländischen Einflüsse auszutreiben.

Er wurde 1894 zum Mitglied der Spanischen Akademie ernannt und kurz darauf Professor für Musikgeschichte und Ästhetik am Königlichen Konservatorium in Madrid. Neben seiner „ Hispaniae Schola Musica Sacra" hat er eine Reihe weiterer Bücher geschrieben und Richters Abhandlung über Harmonie ins Spanische übersetzt. Er hat mehrere Ausflüge in die Geschichte der Volkskunde unternommen und die wichtigsten Ergebnisse sind in „ Músicos Anónimos " und "Por nuestra Música". Weitere Werke sind "Teatro Lírico Español anterior al siglo XIX", " Lírica Nationalisiert ," "De Música Religiosa," " Musik und mehr Músiquesias . Eines seiner Bücher, „ Músicos Zeitgenössische und andere „ Tiempos " (in der Bibliothek der Hispanic Society of New York) ist in seinem Themenspektrum sehr umfangreich. Es enthält Aufsätze über den *Don Quijote* von Strauss, den *Boris Godunow* von Mussorgski , Smetana, Manuel García, Edward Elgar, Jaques-Dalcroze, Bruckner, Mahler, Albéniz, Palestrina, Busoni und die zehnte Symphonie von Beethoven!

In John Towers' außergewöhnlicher Zusammenstellung „Dictionary-Catalogue of Operas" wird angegeben, dass Manuel Fernández Caballero (geb. 1835) 62 Opern schrieb, und die Namen dieser Opern werden ebenfalls genannt. Er war am Madrider Konservatorium Schüler von Fuertes (Harmonie) und Eslava (Komposition) und wurde später als Zarzuela-Autor sehr beliebt. Ich habe bereits seine *Gigantes y Cabezudos erwähnt* , für die Miguel Echegaray das Buch lieferte. Zu seinen weiteren Werken in dieser Form gehören *Los Dineros del Sacristán* , *Los Africanistas* (Barcelona, 1894), *El Cabo Primero* (Barcelona, 1895) und *La Rueda de la Fortuna* (Madrid, 1896).

Bei einem Konzert im New Yorker Hippodrome am 3. April 1911 sang Mme. Tetrazzini ein spanisches Lied, das am nächsten Tag in den Kritiken der „New York Times" und des „New York Globe" erwähnt wurde. Die Wahrheit zu sagen, die Sopranistin erzielte mit dem Lied eine große Wirkung, obwohl es für eine tiefe Stimme geschrieben war. Es war *Carceleras* aus Ruperto Chapís Zarzuela *Las Hijas de Zebedeo* . Chapí war einer der produktivsten und beliebtesten Komponisten Spaniens im letzten

Jahrhundert. Er schrieb zahllose Zarzuelas und hatte neun Kinder. Er wurde am 27. März 1851 in Villena geboren und starb am 25. März 1909, einige Monate früher als sein Landsmann Isaac Albéniz. 1867 wurde er am Konservatorium von Madrid als Schüler für Klavier und Harmonielehre aufgenommen. 1869 erhielt er den ersten Preis für Harmonie und erhielt weitere Preise, bis er 1874 von der Akademie der Schönen Künste nach Rom geschickt wurde. Er blieb einige Zeit in Italien und Paris. 1875 spielte das Teatro Real in Madrid sein aus Rom geschicktes Werk *La Hija de Jefté* . Es folgt eine unvollständige Liste seiner Opern und Zarzuelas: *Vía Libre* , *Los Gendarmes* , *El Rey que Rabió* (3 Akte), *El Cura del Regimiento* , *El Reclamo* , *La Tempestad* , *La Bruja* , *La Leyenda del Monje* , *Las Campanadas* , *La Czarina* , *El Milagro de la Virgen* , *Roger de Flor* (3 Akte), *Las Naves de Cortés, irce* (3 Akte), *Aqui Hase Farta un Hombre* , *Juan Francisco* (3 Akte, 1905; neu geschrieben und 1908 als *Entre Rocas aufgeführt*), *Los Madrileños* (1908), *La Dama Roja* (1 Akt, 1908), *Hesperia* (1908), *Las Calderas de Pedro Botero* (1909) und *Margarita la Tornera* , die kurz vor seinem Tod erfolglos aufgeführt wurde.

Zu seinen weiteren Werken gehören ein Oratorium, *Los Ángeles* , eine sinfonische Dichtung, *Escenas de Capa y Espada* , eine Sinfonie in D, eine *Maurische Fantasie* für Orchester, eine Serenade für Orchester, ein Trio für Klavier, Violine und Cello, Lieder usw. Chapí war Präsident der Gesellschaft der Autoren und Komponisten, und als er starb, schickten der König und die Königin von Spanien seiner Witwe ein Beileidstelegramm. In der New York Public Library befindet sich eine Kopie seiner Zarzuela „ *Blasones y Talegas* ".

Ich habe bereits von *La Dolores gesprochen* . Sie ist eine von vielen Opern und Zarzuelas von Tomás Bretón y Hernandez (geboren am 29. Dezember 1850 in Salamanca). Sie wurde 1895 in Madrid uraufgeführt und mit Erfolg in so weit entfernten Hauptstädten wie Buenos Aires und Prag gesungen. Eine Spanierin mit tadellosem Geschmack hat mir versichert, *La Dolores* sei bezaubernd, entzückend wegen ihrer fließenden Melodie und ihres markanten Rhythmus, durch und durch spanisch im Stil, würde aber bestimmt auch in Amerika Anklang finden , wenn sie hier aufgeführt würde. Unsere eigene Eleanora de Cisneros trat bei einer Benefizveranstaltung des Presseclubs in Barcelona in Bretóns Zarzuela *La Verbena de la Paloma auf* . Eine weitere berühmte Zarzuela Bretóns ist *Los Amantes de Teruel* (Madrid, 1889). Zu seinen Theaterwerken zählen außerdem *Tabaré* , für das er sowohl Text als auch Musik schrieb (Madrid, 1913); *Don Gil* (Barcelona, 1914); *Garín* (Barcelona, 1891); *Raquel* (Madrid, 1900); *Guzmán der Gute* (Madrid, 1876); *El Certamen de Cremona* (Madrid, 1906); *El Campanero de Begoña* (Madrid, 1878); *El Barberillo de Oranje* ; *Corona contra Corona* (Madrid, 1879); *Die Liebe eines Prinzen* (Madrid, 1881); *Der rote Schlüssel* (1899); *Covadonga* (1901); und *El Domingo de Ramos* , Text von Echegaray (Madrid, 1894). Zu seinen Werken für Orchester gehören: *En la Alhambra* , *Los Galeotes* und *Escenas Andaluzas* , eine Suite. Er hat drei Streichquartette, ein Klaviertrio, ein Klavierquintett und ein zweiteiliges Oratorium, *El Apocalipsis* , *geschrieben* .

Tomás Bretón

Bretón war größtenteils Autodidakt, und es gibt eine Legende, dass er Eslavas „Schule der Komposition" im Alleingang verschlang. Er schrieb außerdem Musik und dirigierte mehrere Jahre lang einen Zirkus. In den späten siebziger Jahren dirigierte er ein Orchester und gründete eine neue Gesellschaft, die Unión Artística Musical, die angeblich den Beginn der modernen Bewegung in Spanien markierte. Es könnte etwas Licht auf den spanischen Musikgeschmack dieser Zeit werfen, wenn man die Tatsache erwähnt, dass die Aufführung von Saint-Saëns' *Danse macabre* beinahe einen Aufruhr auslöste. Später reiste Bretón . Er trat als Dirigent in London, Prag und Buenos Aires sowie in anderen Städten außerhalb Spaniens auf, und als Dr. Karl Muck Prag verließ, um nach Berlin zu gehen, wurde er eingeladen, sein Nachfolger in der böhmischen Hauptstadt zu werden. Bei dem 1913 von der Zeitschrift „Blanco y Negro" veranstalteten Wettbewerb, bei dem es darum ging, wer der beliebteste Schriftsteller, Dichter, Maler, Musiker, Bildhauer und Stierkämpfer Spaniens sei, erhielt Bretón als Musiker die meisten Stimmen. ... Gegenwärtig ist er Leiter des Königlichen Konservatoriums in Madrid.

Kein spanischer Komponist (ob alt oder modern) ist außerhalb Spaniens bekannter als Isaac Albéniz (geboren am 29. Mai 1861 in Comprodon , gestorben am 25. Mai 1909 in Cambo in den Pyrenäen). Sein Ruhm beruht fast ausschließlich auf zwölf Klavierstücken (in vier Bänden) mit dem Gesamttitel *Iberia*, die allen Konzertbesuchern vertraut sind. Sie wurden hier unter anderem von Ernest Schelling, Leo Ornstein und George Copeland aufgeführt ... Ich denke, ein oder zwei dieser Stücke sollten zum Repertoire jedes modernen Pianisten gehören. Albéniz hat seine musikalische Kultur nicht in Spanien aufgesogen und bis zu seinem Tod war er mit der Gruppe der modernen französischen Komponisten befreundeter als mit denen seines Heimatlandes. In seiner Musik sieht er Spanien mit französischen Augen. Er studierte in Paris bei Marmontel, in Brüssel bei Louis Brassin und in Weimar bei Liszt (er wird in der langen Liste seiner Schüler in Hunekers Liszt-Biographie erwähnt, aber in diesem Buch gibt es keine weiteren Informationen über ihn); er studierte Komposition bei Jadassohn, Joseph Dupont und F. Kufferath. Seine sinfonische Dichtung *Catalonia* wurde in Paris vom Orchester der Colonne aufgeführt. Ich habe keine Aufzeichnungen über eine Aufführung in Amerika. Eine Zeit lang widmete er sich dem Klavier. Er war ein Virtuose und spielte sogar in London, aber später gab er diese Karriere für die Komposition auf. Er schrieb mehrere Opern und Zarzuelas, darunter eine leichte Oper, *The Magic Opal* (aufgeführt in London 1893), *Enrico Clifford* (Barcelona, 1894; später in London zu hören), *Pepita Jiménez* (Barcelona, 1895; danach im Théâtre de la Monnaie in Brüssel aufgeführt) und *San Antonio de la Florida* (in Brüssel als *l'Ermitage aufgeführt Fleurie*). Bei seinem Tod hinterließ er eine weitere Oper unvollendet, die für die Aufführung in der Brüsseler Monnaie bestimmt war : *Merlin l'Enchanteur*. Keine seiner Opern, mit Ausnahme von *Pepita Jiménez*, die, wie man mir sagte, in allen spanischen Ländern aufgeführt wurde, hatte besonderen Erfolg, und es sind *Iberia* und einige andere Klavierstücke, die dazu dienen werden, sein Andenken lebendig zu halten.

Juan Bautista Pujol (1836-1898) erlangte in Spanien als Pianist, Lehrer und Komponist dieses Instruments einen beachtlichen Ruf. Er schrieb auch eine Methode für Klavierschüler mit dem Titel „Nuevo Mecanismo del Piano". Sein weiterer Bekanntheitsgrad ist der Tatsache zu verdanken, dass er einer der Lehrer von Granados war.

Die Namen Pahissa (sowohl als Dirigent als auch als Komponist; eines seiner symphonischen Werke trägt den Titel *The Combat*), García Robles, vertreten durch einen *Epitalame*, und Gibert, mit zwei *Marines*, erscheinen auf den Programmen der beiden hauptsächlich der spanischen Musik gewidmeten Konzerte, bei deren zweitem (Barcelona, 1910; Dirigent Franz Beidler) Granados' *Dante* aufgeführt wurde.

E. Fernández Arbós (geboren in Madrid am 25. Dezember 1863) ist eher als Dirigent und Violinist bekannt als als Komponist. Dennoch hat er Musik geschrieben, vor allem für sein eigenes Instrument. Er war Schüler von

Vieuxtemps und Joachim und ist viel gereist, hat am Hamburger Konservatorium unterrichtet und war Konzertmeister des Boston Symphony Orchestra und des Glasgow Orchestra. Er war einige Zeit Professor am Madrider Konservatorium und gab dort und in London Orchester- und Kammermusikkonzerte. Er hat mindestens eine Operette geschrieben, vermutlich eine Zarzuela, *El Centro de la Tierra* (Madrid; 22. Dezember 1895), drei Trios für Klavier und Streicher, Lieder und eine Orchestersuite.

Valverdes , Vater und Sohn, erwähnt . Der Vater schrieb in Zusammenarbeit mit Federico Chueca *La Gran Vía* . Viele andere populäre Zarzuelas stammen von ihm. Der Sohn hat so lange in Frankreich gelebt, dass ein Großteil seiner Musik im Stil der französischen Music Hall gehalten ist; sie ist auch im populären Stil gehalten. Selbst in seinen besten Tangos schlägt er einen nicht zu verachtenden spanischen Folk-Ton an. Er schrieb die Musik für das Stück *La Maison de Danses* , *das mit* Polaire im Vaudeville in Paris aufgeführt wurde , und für zwei seiner Operetten, *La Rose de Grenade* und *L'Amour. de Espagne* wurden in Paris aufgeführt, nicht ohne Erfolg, wie mir La Argentina erzählte, die darin tanzte. Andere moderne Komponisten, die mir gegenüber erwähnt wurden, sind Manuel de Falla, Joaquín Turina (George Copeland hat sein *A los Toros gespielt*), Usandizaga (der 1915 starb), der Komponist von *Las Golondrinas* , Oscar Esplá , Conrado del Campo und Enrique Morera.

Enrique Granados war vielleicht der erste bedeutende spanische Komponist, der Nordamerika besuchte. Sein Platz in der Liste der modernen iberischen Musiker nimmt zweifellos einen hohen Platz ein; obwohl man nicht davon ausgehen darf, dass die *beste* Musik Spaniens über die Pyrenäen kommt (aus den bereits genannten Gründen ist es offensichtlich, dass man manche spanische Musik außerhalb Spaniens nie richtig hören kann), und es ist keineswegs selbstverständlich, dass Granados ein besserer Musiker war als viele, die in Barcelona und Madrid leben, ohne Ausflüge in die Außenwelt zu unternehmen. In seinem eigenen Land wurde Granados, wie man mir sagte, vor allem als Pianist bewundert, und seine Darbietungen auf diesem Instrument in New York stempelten ihn als originellen interpretierenden Künstler ab, der in der Lage war, aus seinen eigenen Kompositionen für das Klavier, die sein bestes Werk sind, die letzte Klangbedeutung herauszuholen.

Kurz nach seiner Ankunft in New York erklärte er gegenüber mehreren Reportern, dass Amerika nichts über spanische Musik wisse und dass Bizets *Carmen* in keiner Weise spanisch sei. Ich halte nichts davon, dass *Carmen* spanisch sei, aber sie ist wirkungsvoll, und *Goyescas* als Oper ist es nicht. Erstens würde ihre schlammige und eklatante Orchestrierung ihre Wirkung mindern (diese Meinung könnte sich möglicherweise ändern, wenn die Oper unter spanischen Bedingungen in Spanien aufgeführt würde). Die handschriftliche Partitur von *Goyescas* ruht heute im Museum der Hispanic Society, in jenem entzückenden Viertel von New York, wo die Wohnhäuser die Namen von Goya und Velasquez tragen, und es ist interessant festzustellen, dass es sich um eine *Klavierpartitur* handelt. Was aus der Orchesterpartitur geworden ist und wer dafür verantwortlich war, weiß ich nicht. Sicher ist jedoch, dass der Miniaturcharme von *Goyescas* in der Klavierversion, die von Ernest Schelling oder dem Komponisten selbst aufgeführt wird, deutlicher wird als in der Oper. Die Entwicklung des Werks ist interessant. Fragmente davon nahmen vor siebzehn Jahren im Kopf des Komponisten Gestalt an und kamen aufs Papier, als Ergebnis des Studiums von Goyas Gemälden im Prado. Diese Fragmente wurden 1909 zu einer Suite und 1914 (oder früher) erneut zu einer Oper verarbeitet . F. Periquet , der Librettist, wurde gebeten, die Texte an die Partitur anzupassen, eine Aufgabe, die ihm nur mit Mühe gelang. Spanisch ist keine einfache Sprache zum Singen. Für Mme. Barrientos erklärt dies die vergleichsweise geringe Anzahl spanischer Opern. *Goyescas* gerät, wie viele Zarzuelas, ins Stocken, wenn die Tanzrhythmen aufhören. Ich selbst habe wenig Freude daran, *La Maja y el zu hören. Ruiseñor* ; tatsächlich klingt die gesamte letzte Szene in meinen Ohren banal. In den vier Bänden spanischer Tänze, die Granados für Klavier schrieb (veröffentlicht von der Sociedad Anónima Casa Dotesio in Barcelona), tröste ich mich über mein mangelndes Interesse an *Goyescas* . Diese schönen Tänze vereinen in ihrer künstlerischen Form alle Elemente der Volkstänze, wie ich sie beschrieben habe. Sie zeugen von einem sorgfältigen Studium und einer intimen Kenntnis der Originale. Und jeder Pianist, ob Amateur oder Profi, wird Freude daran haben, sie zu spielen.

Enrique Granados y Campina wurde am 27. Juli 1867 in Lerida, Katalonien, geboren. (Er starb am 24. März 1916 als Passagier auf dem Schiff *Sussex* , das im Ärmelkanal torpediert wurde.) Von 1884 bis 1887 studierte er am Madrider Konservatorium Klavier bei Pujol und Komposition bei Felipe Pedrell . Dass Letzterer sein Meister war, setzte seinerseits wertvolle Kenntnisse der Schätze der spanischen Vergangenheit voraus, und das, denke ich, können wir ihm getrost zugestehen. Wie man mir sagte, findet sich in seinem Werk eine interessante Kombination aus Klassizismus und Folklore. Auf jeden Fall war Granados ein treuer Schüler Pedrells . 1898 wurde seine Oper *María del Carmen* in Madrid aufgeführt und ist seither in Valencia, Barcelona und anderen spanischen Städten zu hören. Fünf Jahre später wurden einige Fragmente einer anderen Oper, *Foletto* , in Barcelona aufgeführt. Seine dritte Oper, *Liliana* , wurde 1911 in Barcelona produziert. Er schrieb zahlreiche Lieder zu Texten des Dichters Apeles Mestres; galizische Lieder, zwei symphonische Dichtungen, *La Nit del Mort* und *Dante* (vom Chicago Symphony Orchestra zum ersten Mal in Amerika aufgeführt bei den Konzerten am 5. und 6. November 1915); ein Klaviertrio, ein

Streichquartett und mehrere Bücher mit Klaviernoten (*Danzas Españolas* , *Valses Poéticos* , *Bocetos* usw.) .

New York, 20. März 1916.

Das Land der Freude

„ Tanzen ist in Spanien mehr als nur ein Zeitvertreib. Es ist Teil des feierlichen Rituals, das das ganze Leben der Menschen durchdringt. Es bringt ihren Geist zum Ausdruck. "

Havelock Ellis.

Das Land der Freude

Ein untätiger Beobachter der Verhältnisse im Theater könnte ein gewisses ironisches Vergnügen daran finden, den Widerspruch zu bemerken, der in der erklärten Bewunderung der Polizisten des Theaters für das Unkonventionelle und ihrer fast leidenschaftlichen Verehrung des Konventionellen liegt. Wir hören ständig, dass das Publikum nach Neuheit schreit, und ebenso ständig sehen wir dieselbe Art von Schauspiel, dieselben Gesten, dieselben Julian Mitchellismen und George Marionismen und Ned Wayburnismen, die sich zu jeder Jahreszeit, im Sommer und im Winter wiederholen. Tatsächlich sind bestimmte Konventionen (die uns schon jetzt langweilen) so tief im Boden unseres Theaters verwurzelt, dass ich keine Hoffnung sehe, sie vor dem Jahr 1999 auszurotten, denn zu diesem Zeitpunkt werden andere Konventionen sie verdrängt haben und ebenfalls ermüdend geworden sein.

In dieser Hinsicht unterscheidet sich unser Theater nicht wesentlich von den Theatern anderer Länder, bis auf einen Punkt. In Europa ermöglicht das Nebeneinander der Nationen einen Austausch von Konventionen, der langsame Veränderungen oder schnelle Revolutionen mit sich bringt. Paris zum Beispiel hat Besuche des russischen Balletts erhalten, die beinahe die Ausmaße einer Invasion der Tataren annahmen. Auch London wurde von den Russen und den Iren überfallen. Die irischen Dramatiker hämmern tatsächlich unaufhörlich auf die Selbstzufriedenheit der britischen Mittelklasse ein. Deutschland wiederum wurde von England überfallen (wir bedauern, dass dieser Satz nur eine künstlerische und bildliche Bedeutung hat), und wir sehen Max Reinhardt auf dem besten Wege, einen vollständigen Zyklus der Stücke Shakespeares aufzuführen; vor ein paar Jahren hätten wir Deutschland vielleicht hysterisch vor Oscar Wildes *Salome* kriechen sehen , einem Stück, das, zumindest ohne seine musikalische Ausstattung, meines Wissens noch nicht einmal öffentlich in London aufgeführt wurde. In Italien selbstverständlich gibt es keine künstlerischen Invasionen (niemand ist bereit, dafür zu bezahlen) und selbst die Traditionen des italienischen Theaters selbst, etwa die *Commedia del'Arte* , sind so gut wie tot. Und so liegt das Land, künstlerisch gesehen, so brach wie ein Flickenteppich, bis ein Enthusiast wie Marinetti auftaucht, ihn zwischen die Zähne nimmt und wieder in Lumpen schüttelt.

Sehr oft überqueren Gerüchte über das Kunstleben im ausländischen Theater (wie etwa Berichte über Stanislawskis Leistungen in Moskau) den Atlantik. Sehr oft werden die Hüllen der Realität importiert (wie es beim russischen Ballett der Fall war). Aber Gerüchte und Hüllen haben ungefähr so viel Einfluss wie die „New York Times" in einem Bürgermeisterwahlkampf, und als Folge davon stellen wir fest, dass das amerikanische Theater sich der weltweiten Aktivitäten im Drama so wenig bewusst ist wie ein Taubstummer, der auf einem Pfahl in der Wüste Sahara lebt. Tatsächlich wird jeder unerschrockene ausländische Forscher, der das amerikanische Drama, die amerikanische Schauspielerei und die amerikanische Bühnendekoration studieren möchte, feststellen, dass sie in einem fast ebenso unberührten Zustand sind wie zu Lincolns Zeiten.

Diese selbstgefällige Eupepsie wurde ein paar Mal grob angegriffen. Ich möchte hier Paul Orleneff erwähnen , der Alla Nazimova bei uns zurückließ, damit sie schließlich im konventionellen amerikanischen Theater unterging. Vor vier oder fünf Jahren gab eine Gruppe schwarzer Schauspieler im Lafayette Theatre eine musikalische Revue, die dröhnte wie die große Glocke im Moskauer Kreml. Niemand konnte für die Klänge taub sein. Florenz Ziegfeld übernahm so viele Melodien und Gesten, wie er für seine *Follies* dieser Saison kaufen konnte, aber er versäumte es, die eine wesentliche Eigenschaft der Unterhaltung zu übernehmen, ihren Stil, für dessen Ausnutzung schwarze Schauspieler unverzichtbar waren. In den letzten zwei Monaten ist Mimi Aguglia, eine der größten Schauspielerinnen der Welt, im Garibaldi Theatre in der East Fourth Street in einer Reihe klassischer und moderner Stücke aufgetreten (ein Repertoire , das aus Dramen von Shakespeare, d'Annunzio und Giacosa besteht), und zwar vor einem sehr großen und begeisterten Publikum. Doch die Kultur der Oberstadt und die Geschäftswelt werden die Bedeutung dieser Geste erst erkennen, wenn sie in einem 1950 erschienenen Buch darüber lesen ...

All dies ist nur ein Vorspiel zu dem, was, wie ich finde, so etwas wie ein lyrischer Ausbruch, eine verbale Explosion sein muss. Vor einigen Nächten kam eine spanische Truppe – unbesungen, unbekannt, ja beinahe unwillkommen bei den Kritikern, die sich in das abgelegene Park Theatre schleppen mussten – mit einer musikalischen Revue mit dem Titel *The Land of Joy nach New York* . Die Partitur stammte von Joaquín Valverde, *fils* , dessen Musik uns nicht unbekannt ist, und zur Truppe gehörte La Argentina, eine spanische Tänzerin, die hier in der vergangenen Saison Matineen gegeben hatte, ohne mehr als mäßige Begeisterung zu erregen. Die Theaterimpressarii , die Liedverleger und der Pöbel vom Broadway blieben am ersten Abend fern. Sie könnten sich gedacht haben, dass es ja schön und gut sei, über die Geschehnisse in Spanien zu lesen, aber in Amerika würden sie das nie tun. Spanische Tänzer waren in der Vergangenheit importiert worden, ohne übermäßige Aufregung zu erregen. Hat nicht die große Carmencita selbst vor zwanzig oder mehr Jahren Amerika besucht? Diese Impressarii hatten die Existenz einer großen psychologischen (oder besser gesagt physiologischen) Wahrheit ignoriert: Burgunder und Bier lassen sich nicht mischen! Eine spanische Tänzerin, die von Amerikanern umgeben ist, ist ebenso verloren wie der große Nijinsky selbst in einem englischen Varieté, wo er einen kompletten und kläglichen Misserfolg hinlegte. Und so wären sie (wenn sie dabei gewesen wären) sehr erstaunt gewesen, bei der Premiere all die Szenen unkontrollierbarer Begeisterung – genau wie sie von Havelock Ellis, Richard Ford und Chabrier beschrieben werden – wiederholt zu sehen. Das Publikum wurde tatsächlich hysterisch und brach in wilde *Olé! Olé! -Rufe* aus. Hüte wurden auf die Bühne geworfen. Das Publikum war ebenso verlassen wie die Spieler und wurde Teil des Geschehens.

All dies finden Sie in „Die Seele Spaniens", in „Treffen aus Spanien" und in Chabriers Briefen beschrieben, und es wurde alles fast ohne die geringste Vorbereitung nach New York verpflanzt, was ein Glück war, denn wenn man damit gerechnet hätte, hätten wir zweifellos einen Weg gefunden, es zu verderben. Stellen Sie sich das durchschnittliche New Yorker Premierenpublikum vor, das diese Vorführung steif und unnachgiebig, skeptisch und sarkastisch begrüßt! Havelock Ellis gibt eine geniale Erklärung dafür, dass der spanische Tanz selten, wenn überhaupt, erfolgreich die Grenzen der Iberischen Halbinsel überschritten hat : „Der beste spanische Tanz wird durch die Anwesenheit eines gleichgültigen oder unsympathischen Publikums sofort getötet oder entwertet, und das ist wahrscheinlich der Grund, warum er nicht verpflanzt werden kann, sondern lokal bleibt." Glücklicherweise gaben die Spanier im Premierenpublikum das Stichwort, öffneten die Lippen und lockerten die Hände von uns kalten Amerikanern. Ich für meinen Teil schrie bald lauter „*Olé!*" als alle anderen.

Die Tänzerin Doloretes ist in der Tat außergewöhnlich. Die Zigeunerfaszination, die hemmungslose, perverse Bezauberung dieser weiblichen Teufelin des Tanzes kann nicht mit dem Mund, der Schreibmaschine oder der Feder beschrieben werden. Heine hätte sie in seinem Ballett der *Méphistophéla an die Spitze seiner tanzenden Verführerinnen gestellt* (Lumley fand es zu unanständig für die Aufführung im Her Majesty's Theatre, für das es geschrieben wurde; trotzdem wurde das Drehbuch in der angesehenen „Revue de Deux Mondes " veröffentlicht). In diesem Ballett stellt die weibliche Méphistophélès zur Unterhaltung ihres Opfers eine Reihe tanzender Berühmtheiten zur Schau . Nachdem Salome unter oberflächlichem Applaus ihre Flanken gedreht und die Kraft ihrer Bauchmuskeln zur Schau gestellt hatte, hätte Doloretes mit dem Klappern ihrer Absätze, dem Klappern ihrer Kastagnetten, die sie mal hoch über dem Kopf , mal tief hinter ihrem Rücken hielt, dem Blitzen ihrer Elfenbeinzähne, dem schrillen, schreienden, elektrischen Magenta ihres Lächelns, der List ihres Zappelns, der Leidenschaft ihres Auftritts nicht nur Fausts Blut in Wallung gebracht, sondern auch das der Damen und Herren im Orchesterparkett. Und dicht neben ihr hätte die gewundene Mazantinita ein grelles Tamburin zur Schau gestellt und einen kreischenden Fächer geschwenkt. Alle unbelebten Gegenstände, Schals, Mantillas, Kämme und

Becken, entflammen vor Leben, wenn sie einmal in den Dienst dieser trägen und abweisenden, gleichgültigen und sinnlichen Señoritas gestellt werden. Gegen diese rohen Zigeuner heben sich die raffinierte Anmut und die goyaeske Eleganz von La Argentina deutlich ab, La Argentina, in deren Händen die Kastagnetten zu einem ebenso mächtigen Instrument für unser Vergnügen werden wie die Geige in den Fingern von Jascha Heifetz. Auch Bilbao mit seinen donnernden Absätzen und seinen tauromachischen Gesten verwirrt unsere stark magnetisierten Sinne. Wenn er im Tanz die schwer fassbare Doloretes verfolgt, ohne sie einzuholen , scheint es, als sei die Grenze dynamischer Effekte im Theater erreicht.

nach einer Fotografie von White

Dolorosa

Hier sind Sängerinnen! Der klare und liebliche Sopran der vergleichsweise ruhigen María Marco, die in die brillante Musik, die sie singt, ständig Figurationen einbringt. Eine unanständige (es gibt kein anderes Wort dafür) chromatische orientalische Phrase ist so seltsam, dass keiner von uns sie je in Erinnerung behalten oder vergessen kann! Und die rasend nervöse Luisita

Puchol, deren Augenlider wie der Deckel einer Schachtel aufspringen und deren Hände wie freche Schmetterlinge flattern, singt anzügliche populäre Lieder, die nur eine Spur besser sind als jede andere , die ich kenne.

Doch die Wirkung *von The Land of Joy* beruht nicht auf ein oder zwei Hauptdarstellern. Die gesamte Organisation ist so feurig und zielstrebig wie das ursprüngliche russische Ballett; die Kostüme selbst mit ihren lodernden, glühenden Farben sind die Zutaten einer Orgie; die Musik, mal sentimental (die Anpassungsfähigkeit von Valverde, der in Paris gelebt hat, ist geradezu erstaunlich; es gibt einen Gesangswalzer im Stil von Arditi, den Mme. Patti in die Unterrichtsszene von *Il Barbiere hätte einbringen können* ; es gibt ein weiteres Lied im Stil von George M. Cohan – diese als Kontrast zur iberischen Musik), mal voller rhythmischem Leben, ist die beste spanische Musik, die wir bisher in diesem Land gehört haben. Die gesamte Unterhaltung, Musik, Farben , Kostüme, Lieder, Tänze und alles andere ist in ihren Crescendos und Decrescendos, ihren Prestos und Adagios so schön arrangiert wie ein Mozart-Finale. Der Schluss des ersten Akts, in dem die Damen mit langen, gerüschten Schleppen über die Bühne fegen, die an alle Manet-Bilder erinnern, die Sie je gesehen haben, scheint unerreichbar, aber die auffälligsten Kostüme und der wildeste Tanz sind der allerletzten Szene vorbehalten. Dort treten diese verblüffenden Señoritas in prächtigen Umschlägen aus bestickten Manila-Schals hervor, und was für Schals! Prähistorische afrikanische Rosen von unglaublicher Größe schmücken ein türkisfarbenes Gewebe, von dem fast ein Meter seidener Fransen herabhängen. In anderen vermischen sich königliches Purpur und Gelbbraun, Orange und Weiß, Schwarz und das Kaleidoskop! Die Revue, eine sublimierte Form der Zarzuela, ist in der Tat darauf angelegt, Sie den ganzen Abend lang in einem gefährlichen Zustand nervöser Erregung zu halten, Sie für den Rest der Nacht wach zu halten und Sie am nächsten und übernächsten Abend ins Theater zu locken. Es ist so berauschend wie Wodka, so heimtückisch wie Kokain und wird wahrscheinlich zur Gewohnheit, wie diese Stimulanzien. Ich habe tatsächlich festgestellt, dass es alle Geschmacksrichtungen anspricht, vom Telefonisten, dessen übliche künstlerische Ausschweifung der neueste fiebersenkende Roman von Robert W. Chambers ist, bis zum Konzertbesucher.

Ich kann nicht widerstehen, weiter zu katalogisieren; Einzelheiten schütteln ihre Fäuste vor meiner Erinnerung; zum Beispiel die komplizierten Rhythmen von Valverdes kunstvoll synkopierter Musik (überhaupt nicht wie Ragtime-Synkopierung), die aufregende Orchestrierung (ich erinnere mich an einen Tanz, der von Trommelschlägen und Oboe begleitet wurde, sonst nichts!), das völlige Fehlen von Tangos (die argentinisch sind) und Habaneras (die kubanisch sind), die Musik, die größtenteils im Zweiviertel- und Dreivierteltakt geschrieben ist, und die interessante Verwendung von

Volksweisen; die beiläufige und sehr suggestive Gleichgültigkeit der Tänzer, wenn sie nicht tanzen und scheinbar Modelle für ein Dutzend Zuloaga-Gemälde sind, die scheinbar unerschöpfliche Geschicklichkeit und Vielfalt dieser Tänzer in Aktion, die mit ihren Füßen und Körpern und Armen und Köpfen und Kastagnetten Ornamente um die Melodien schlingen, wie es Koloratursopranistinnen mit ihren Stimmen tun. Manchmal werden Kastagnetten nicht verwendet; sie werden durch Becken ersetzt oder Tamburine oder sogar Finger. Einmal schien es, als würden die Tänzer durch eine esoterische Zauberei auf ihre Arme klopfen. Die Wirkung war so gewaltig und furchteinflößend, dass ich mich nicht in den distanzierten Geisteszustand versetzen konnte, der für eine ruhige Analyse der Technik erforderlich ist.

Was wir uns all die Jahre dabei gedacht haben, die Nachahmung zu akzeptieren und die Wirklichkeit zu ignorieren, weiß ich nicht; es ist alles schwarz auf weiß niedergeschrieben. Was Richard Ford 1846 sah und niederschrieb, sehe und schreibe ich 1917. Wie diese teuflischen Spanier es die ganze Zeit über aufrechterhalten konnten, kann ich mir nicht vorstellen. Hier haben wir unser Paradoxon. Spanien hat sich so wenig verändert, dass Fords Buch zu diesem Thema immer noch das Beste ist, was man bekommen kann (Sie können viele vergnügliche halbe Stunden mit der bezaubernden Ironie seiner Seiten verbringen). Der spanische Tanz ist anscheinend noch derselbe wie vor hundert Jahren; kein Wind aus dem Norden hat ihn gestört. Noch seltsamer ist, dass seine Wirkung von der Aneignung einer brillanten Technik abhängt. Allein das Spielen der Kastagnetten erfordert eine strenge Anleitung. Und doch ist alles genauso spontan, genauso frisch, genauso ungekünstelt, genauso vehement in seiner Anziehungskraft, sogar auf Spanier, wie es am Anfang war. Hoffen wir, dass Spanien kein künstlerisches Wiedererwachen erleben wird.

Aristoteles, Havelock Ellis und Louis Sherwin haben uns gelehrt, dass das Theater ein Ventil für unterdrückte Wünsche sein sollte. Und das sollte das ideale Theater auch. Tatsächlich unterdrücke ich in den meisten Theatern (ich werde großzügigerweise davon absehen, das zu nennen, das ich gestern besucht habe) ständig den Wunsch, irgendjemanden zu erwürgen, aber nach einem Besuch bei den Spaniern gehe ich völlig frei von Mitleid und Angst, Liebe, Hass und allem anderen in den Columbus Circle. Es ist ein Erlebnis.

3. November 1917.

Von George Borrow bis Mary Garden

" Die Frauen sind anderer Meinung sie est laide,
aber alle Männer in Sohn fous :
Und der Erzbischof von Tolède
Chante la messe à ses genoux . "

„Carmen" von Théophile Gautier.

Von George Borrow bis Mary Garden
(*Geschichte Zusammenfassung von Carmen*)

Man erinnert sich, dass Alice ins Wunderland reiste und in jeder Hand ein Stück Pilz trug; bald kaute sie an einem Stück, wodurch sie größer wurde, bald an dem anderen, wodurch sie kleiner wurde. Auf diese Weise passte sie ihre Größe den verschiedenen Türen und Toren des Ortes sowie den Geschöpfen an, denen sie begegnete. In etwa auf die gleiche Weise gelangte George Borrow, der von der Britischen Bibelgesellschaft ausgesandt wurde, um das Heilige Wort auf der päpstlichen Halbinsel zu verbreiten, nach Spanien. In der einen Hand hielt er eine kastilische Ausgabe des Neuen Testaments, in der anderen seine beträchtliche Neugier. Zweifellos unternahm er viele tapfere Versuche, Bibeln zu verkaufen, aber es ist ebenso sicher, dass er seine natürliche Begabung für die Gesellschaft von Dieben, Gitanos, Schmugglern und Banditen nie zurückhielt. Mehr als einmal brachte ihn sein Eifer für die Heiligen Schriften ins Gefängnis, aber ich kann das kaum als Beweis seiner Hingabe an eine heilige Sache akzeptieren, wenn ich daran denke, dass er vergeblich versucht hatte, bestimmte Madrider Beamte davon zu überzeugen, ihn freiwillig inhaftieren zu lassen, damit er weitere Gelegenheiten für seine Studien über den „verdrießlichen Gitano" hätte, die der Umgang mit den Gefangenen bieten könnte. Tatsächlich erreichte der englische Botschafter bei seiner Verhaftung noch am selben Tag seine Begnadigung, aber Borrow weigerte sich, diese in Betracht zu ziehen. Er war im Gefängnis und hatte vor, dort zu bleiben, und das tat er auch, mehrere Wochen lang. Während dieser Zeit führte er lange Gespräche mit allen Gefangenen und erweiterte so seinen fremdsprachigen Wortschatz beträchtlich.... Seine Sympathie galt tatsächlich den Gitanos; er aß und trank und schlief mit ihnen, manchmal in Ställen, manchmal auf schmutzigen Dachböden. Wenn er selbst nicht in die „Angelegenheiten Ägyptens" verwickelt war, reiste er zumindest mit denen, die es taten; wenn er nicht bei Raubüberfällen oder Morden half, war er sich oft bewusst, dass sie im Begriff waren, begangen zu werden. Einmal unterhielt er sich – was entzückend festgehalten ist – mit Sevilla, dem Picador, den Prosper Mérimée traf und der in Richard Fords „Gatherings from Spain" erwähnt wird. … Im Großen und Ganzen müssen wir der British Bible Society dafür danken, dass sie Borrow die Gelegenheit gab, zwei seltsam charmante Bücher zu schreiben, eines davon ein Meisterwerk, aber über das, was Borrow für die Bible Society geleistet hat, sollte man vielleicht nicht allzu viel sagen.

Die Veröffentlichung zweier Bücher wie „The Zincali" und „The Bible in Spain" kann jedoch als ausreichende Rechtfertigung für die Gründung und den Fortbestand der British Bible Society angesehen werden. Wenn nicht alle Informationen, die er uns in diesen Büchern über die Zigeuner gibt, authentisch sind, können wir zumindest sicher sein, dass Borrow bessere Gelegenheiten hatte, sie authentisch zu machen, als jeder andere Autor. Wenn er also manchmal Tatsachen verdreht hat, dann deshalb, weil er in erster Linie ein Künstler ist und „The Bible in Spain" in erster Linie ein Kunstwerk ist . Diese Bücher erschienen in den frühen vierziger Jahren und wurden in ganz Europa gelesen und bewundert, wodurch ein Interesse an der Iberischen Halbinsel und insbesondere an den spanischen Zigeunern geweckt wurde, das seitdem nie mehr abflaute. Im Vorwort zur zweiten Ausgabe von „The Zincali" berichtet Borrow von seinem Erstaunen über den Erfolg seines Buches: „Die Stimme nicht nur Englands, sondern des größten Teils Europas teilte mir mit, dass ich eine Leistung vollbracht hatte – ein Werk im 19. Jahrhundert mit einem gewissen Anspruch auf Originalität." Und als ein Autor im „Spectator" die Bibel in Spanien als „einen Gil Blas in Aquarell " bezeichnete, war Borrow regelrecht außer sich vor Wut.

„Die Zincali" wurde in mehrere Sprachen übersetzt, unter anderem ins Französische, und zu denen, die davon beeinflusst und geprägt wurden, gehörte Prosper Mérimée; tatsächlich scheint es heute wahrscheinlich, dass Mérimée ohne den Anstoß dieses suggestiven Buches nie „Carmen" geschrieben hätte, jedenfalls nicht in seiner heutigen Form. Hier sind die Fakten: Mérimée besuchte Spanien im Jahr 1830 und während dieser Reise erzählte ihm die Condessa de Teba eine Geschichte von Eifersucht und Mord, im Wesentlichen die von „Carmen", in der die Zigeuner jedoch keine Rolle spielten. Dieses Material bot kaum Inspiration für die Schaffung eines Meisterwerks. Mérimée scheint die Idee tatsächlich völlig aus seinem Kopf verbannt zu haben, bis Borrows Bücher erschienen, die sein Interesse an den Zigeunern wiederbelebten und ihm die Möglichkeit nahelegten, die Geschichte der Condessa in eine Zigeunerkulisse zu verlegen. Borrows Übersetzung des Lukasevangeliums ins Caló wurde 1837 herausgegeben. Es gibt Hinweise darauf, dass Mérimée sie gelesen hat. „The Zincali" erschien 1841 in London, „The Bible in Spain" 1842. „Carmen" erschien erstmals, ohne das letzte Kapitel über die Zigeuner , in der „Revue des Deux Mondes " vom 1. Oktober 1845. Es gibt zahlreiche Beweise dafür, dass Mérimée Borrow viel zu verdanken hat; einer der besten ist sein eigenes Eingeständnis in seiner Korrespondenz mit seiner *Inconnue* : „Sie fragten mich neulich, woher ich meine Kenntnis des Zigeunerdialekts habe . Ich hatte Ihnen so viel zu erzählen, dass ich vergaß zu antworten. Ich habe es von Herrn Borrow; sein Buch ist eines der merkwürdigsten, die ich je gelesen habe." Aber die internen Beweise sind noch stärker: Alle bis auf zwei der Zigeunersprichwörter in „Carmen" sind in „The Zincali" zu finden, ebenso wie viele Details in Handlung und Beschreibung. Professor George T.

Northup von der Universität Toronto hat eine Reihe solcher Ähnlichkeiten aufgespürt, und Sie können seinen Bericht darüber in „Modern Philology" vom Juli 1915 finden. „Wenn er (Mérimée) sich daran machte, Lokalkolorit zu schaffen, verzichtete er selten auf literarische Hilfe. Tatsächlich verzichtete er häufig auf direkte Beobachtung", schreibt Professor Northup. „Bei seiner Studie über die Zigeuner war Borrow Mérimées wichtiger, wenn auch nicht sein einziger literarischer Führer; und daran lässt ein sorgfältiger Vergleich der beiden Werke nicht den geringsten Zweifel."

In einem Punkt jedoch ist Mérimée anderer Meinung als Borrow, und das ist ein sehr wichtiger Punkt, so wichtig, dass der französische Autor trotz (vielleicht gerade wegen!) seiner Verpflichtung gegenüber dem Engländer in dem hinzugefügten Kapitel (das größtenteils aus Tatsachen besteht, die in „Die Zincali" zu finden sind!) von „Carmen" mit dem Finger voller Verachtung auf ihn zeigt. Hier ist die Passage: „M. Borrow, Missionar Englisch , Autor von zwei sehr interessanten Werken über die Bohème aus Spanien , was nutzen Umwandlungsunternehmen , aus Gebühren der Gesellschaft Bibel , versichern, dass est sans exemple qu'une Gitanas ait jamais eu que l'faiblesse pour un homme étranger à sa race." Borrow sagt nicht *ohne Beispiel* : "Die Gitanas haben im Allgemeinen eine entschiedene Abneigung gegen die weißen Männer; Es sollen jedoch einige wenige Fälle des Gegenteils vorgekommen sein." Fahren wir mit Mérimée fort: "Il me semble was ich in den Logen viel übertrieben habe was Übereinstimmung mit ihr keusch . Von Bord , der größte Name est dans le cas de la laye d'Ovide : *Casta quam nemo rogavit* . Viel Freude , sie Sohn wie alle Spanisch, schwierig bei der Auswahl ihrer amants . Es ist ihr Ding plaire , er verdient Verdienst ."

Borrow hat in „The Zincali" folgendes zu diesem Thema zu sagen: „Es gibt ein Wort in der Zigeunersprache, mit dem diejenigen, die es sprechen, Ideen besonderer Ehrfurcht verbinden, die weit über jenen hinausgehen, die mit dem Namen des Höchsten Wesens verbunden sind, dem Schöpfer ihrer selbst und des Universums. Dieses Wort ist *Lácha* , was bei ihnen die körperliche Keuschheit der Frauen ist; wir sagen körperliche Keuschheit, denn sie halten nichts anderes im geringsten für wichtig; es ist ihnen erlaubt, ja sogar lobenswert, in Blick, Geste und Rede obszön zu sein, sich an Laster zu beteiligen und daneben zu stehen und über die schlimmsten Abscheulichkeiten der Busné zu lachen (Busno ist der Begriff, den die spanischen Zigeuner für den Spanier oder tatsächlich jede Person verwenden, die kein Zigeuner ist), vorausgesetzt, ihre *Lácha ye trupos* oder körperliche Keuschheit bleibt makellos. Dem Zigeunerkind wird von seinen frühesten Jahren an von seiner seltsamen Mutter gesagt, dass ein guter Calli nur eine Sache in dieser Welt fürchten muss, und das ist der Verlust von *Lácha* , im Vergleich dazu ist der Verlust des Lebens von geringer Bedeutung, da in einem solchen Fall für sie gesorgt wird, aber welche Versorgung gibt es für eine Zigeunerin, die ihre *Lácha verloren hat* ? „Bedenke dies, mein Kind", wird sie sagen, „und iss jetzt dieses Brot und geh hinaus und schau, was du stehlen kannst."

„Ein Zigeunermädchen wird im Allgemeinen im Alter von vierzehn Jahren mit dem Jugendlichen verlobt, den ihre Eltern für einen geeigneten Partner halten und der im Allgemeinen einige Jahre älter ist als sie selbst. Der Heirat geht ausnahmslos die Verlobung voraus … Mit den Busné oder Nichtjuden ist der verlobten Frau der freieste Verkehr gestattet; sie kann gehen, wohin sie will, und jederzeit und zu jeder Jahreszeit zurückkehren. In Bezug auf die Busné sind die Eltern tatsächlich ausnahmslos weniger vorsichtig als gegenüber ihrer eigenen Rasse, da sie es für nahezu unmöglich halten, dass ihr Kind seine *Lácha* durch den Verkehr mit *dem weißen Blut verliert* ; und es stimmt, dass die Erfahrung gezeigt hat, dass ihr Vertrauen in dieser Hinsicht nicht ganz unbegründet ist. Die Gitanas haben im Allgemeinen eine entschiedene Abneigung gegen die weißen Männer; es sollen jedoch einige wenige Fälle des Gegenteils vorgekommen sein."

Die Gitanas, erklärt Borrow weiter, sind nie abgeneigt, die Leidenschaft der Busné zu erregen, die sie jedoch nicht befriedigen wollen. Ihre Tänze sind größtenteils lasziv und obszön. Sie fungieren oft als Kupplerinnen. Aber kein Busno sollte aus diesen Tatsachen schließen, dass er mit einer intimeren Bekanntschaft rechnen kann. Richard Ford unterstützt in seiner Beschreibung der *Romalis in „Gatherings from Spain"* Borrows Theorie: „So unanständig diese Tänze auch sein mögen, die Darsteller sind dennoch unantastbar keusch und können, zumindest was die nicht-zigeunerischen Gäste betrifft, mit eisgekühltem Punsch bei einer Party verglichen werden; junge Mädchen durchlaufen sie vor den applaudierenden Augen ihrer Eltern und Brüder, die jeden Angriff auf die Tugend ihrer Schwestern bis zum Tode übelnehmen."

Mérimée geht in einem Brief an die *Inconnue auf die Angelegenheit ein* : „Was er (Borrow) über die Zigeuner berichtet , ist vollkommen wahr, und seine persönlichen Beobachtungen stimmen bis auf einen einzigen Punkt mit meinen überein. In seiner Eigenschaft als Geistlicher (*sic*) hat er sich möglicherweise selbst getäuscht, während ich als Franzose und Laie schlüssige Experimente durchführen konnte." Trotz der Tragweite von Mérimées persönlicher Erfahrung kann man feststellen, dass die Mehrheit der spanischen Schriftsteller mit Borrow übereinstimmt, der kein *Geistlicher war* . Und wie Professor Northup verschmitzt anmerkt, war der Mann, der Isopel Berners von Mumpers Dingle die Konjugation des Verbs „lieben" auf Armenisch beibrachte, vielleicht doch kein so naiver Beobachter.

Ob Zigeuner körperlich keusch sind oder nicht [1], ist jedoch im Hinblick auf das Meisterwerk, das Mérimée auf der Theorie basierte, dass sie es nicht sind, von geringster Bedeutung. Wie Havelock Ellis es so treffend ausdrückt: „Die Kunst ist in ihrem Bereich den Tatsachen ebenso überlegen wie die Wissenschaft in ihrem Bereich der Fiktion überlegen ist. Der Künstler kann mit der Wissenschaft entweder nachlässig oder nachlässig umgehen, und der beste Künstler geht manchmal nachlässig vor." Es sei angemerkt, dass Borrow im Allgemeinen eher zu nachlässigen Spielchen neigte als Mérimée.

Es ist schon interessant festzustellen, dass „Die Bibel in Spanien", an sich schon ein Meisterwerk, die Inspiration für ein weiteres Meisterwerk war, eine der größten Kurzgeschichten der gesamten Literatur. Kurioserweise entstand aus den Aktivitäten der Britischen Bibelgesellschaft noch ein drittes Meisterwerk: die Oper *Carmen* . Bei der Übertragung der Geschichte auf die Bühne haben die Herren Meilhac und Halévy auf der Suche nach dramatischer Betonung viel von der wilden und mutwilligen Atmosphäre, der glühenden Leidenschaft und der brutalen Strenge der Originalgeschichte über Bord geworfen. Carmen wird in ihrer Version zu einer Mischung aus spanischer Zigeunerin und Pariser Kokotte. In bestimmten Szenen, wie der der Seguidilla und dem Duett im letzten Akt, ist viel von Mérimées Gefühl erhalten geblieben, aber die Szene des Quintetts, in der die anderen Zigeuner Carmen damit verspotten, sie sei *eine Amoureuse* , ist wahrscheinlich im Wesentlichen Pariserisch. Dasselbe gilt vielleicht auch für die Szene der Habanera. Die Spanier protestieren schon lange gegen das Werk, weil sie es, soweit ich es feststellen kann, für eine *Idealisierung halten* . Spanierinnen sind in der Regel die schlechtesten Carmen, obwohl sie in einer anderen spanischen Figur, Rosina in *Der Barbier von Sevilla, oft bemerkenswerte Erfolge erzielt haben* . [2] Ein Verständnis der französischen Form der Opéra -comique ist für eine gute Interpretation dieser Zigeunerheldin unerlässlich; selbst ein Großteil der Musik ist nicht im Wesentlichen spanisch. Wäre sie es, wäre sie wahrscheinlich nicht großartig, denn Bizet war Franzose und musste beim Schreiben französischer Opern Spanien mit französischen Ohren hören.... Trotzdem sehe ich keinen Grund, warum eine Sängerin sich nicht viele Hinweise von Mérimée holen sollte; ich denke sogar, sie könnte noch weiter gehen und Borrows Konzeption der spanischen Zigeunerfigur studieren. Eine einzige Zeile in Mérimée würde einer Schauspielerin, die sie umsetzen kann, eine neue Interpretation nahelegen. José spricht: „Monsieur, quand dieses Mädchen- là riait , es ist nicht es besteht kein Grund, mit jemandem zu sprechen . Die ganze Welt lebt mit ihr ." Aber eine Schauspielerin muss jede Rolle im Hinblick auf ihre eigene Persönlichkeit begreifen, und diese Wirkung kann nur eine ganz besondere *Charmeuse* erzielen .

In der Originalgeschichte kommt der Stierkämpfer Lucas kaum vor, und er ist ein Picador, kein *Espada* , wie er es in der Oper unter dem neuen Namen

Escamillo wird. Warum wurde dieser Name geändert? Ich habe eine Theorie, die durch keinerlei Beweise gestützt wird, dass Bizet seine Librettisten bat, ihm einen Namen zu geben, der zur Musik des wunderbaren Duetts im letzten Akt passen würde. Wahrscheinlich hatte er die Phrase gefunden, die jetzt *Ah! je t 'aime, Escamillo begleitet* , nur um dann festzustellen, dass sie nicht mit dem Namen Lucas vereinbar war. Eifersucht bleibt das Motiv für den Mord an Carmen, obwohl die Szenen in der Erzählung und im lyrischen Drama ganz anders angeordnet sind... Micaela ist neu. Die einzige Andeutung auf sie in Mérimées Geschichte ist die folgende Zeile von José: „ J'étais jung also ; ich denke Ich gehe immer ins Land und bin verliebt in die schönen Mädchen ohne Röcke blau und ohne Nüsse tombant sur les épaules ." Carmens zweites Treffen mit José findet nicht bei Lillas Pastia statt , das dritte jedoch schon, und sehr viele Einzelheiten wie die „ chaine avec du fil de laiton ", die Kassia, die das Flittchen von ihren Lippen nimmt, um sie José vor die Füße zu werfen, der zurückgewiesene Ring usw. sind Ereignisse aus Mérimée. Man fragt sich, warum sich kein Interpret daran erinnert, dass die ursprüngliche Carmen einen Teller zerbrach und aus den Scherben Kastagnetten baute, mit denen sie spielte, während sie für José die *Romalis tanzte* ? ... Der brutale García le Borgne, Carmens *Rom* , verschwindet vollständig. Er ist für die von den Librettisten erdachte Intrige nicht unbedingt erforderlich. Sie haben auch Carmens sehr unterhaltsame Abenteuer mit dem Engländer in Gibraltar ausgeblendet.

Carmen wurde am 3. März 1875 an der Pariser Opéra-Comique aufgeführt. Die Uraufführung wurde kühl aufgenommen. Charles Pigot (Bizets Biograph) berichtet, dass das Vorspiel zum zweiten Akt wiederholt wurde; die Arie des Toreadors und des Quintetts wurden beklatscht: das war alles. Der Vorhang fiel nach jedem Akt mit völliger Gleichgültigkeit. Die Entmutigung des Komponisten scheint tief gesessen zu haben. Wir wundern uns nicht darüber. Vincent d'Indy erzählte Edmond Galabert , dass er und eine Gruppe junger Musiker Bizet nach dem ersten Akt auf dem Bürgersteig in der Nähe des Bühneneingangs des Theaters trafen und ihm zu dem Leben und der Farbe in der Musik gratulierten. Bizet antwortete: „Vous êtes les premiers qui me disiez " (Sie sind die Ersten, die mich enttäuschen werden). ça , et je crains bien que vous ne soyez les desniers ." *Carmen* war ein Misserfolg. Die Kritiken waren schlecht. Merkwürdigerweise gab es viele Vorwürfe der Unmoral. Pigot versichert uns, dass Camille du Locle , der Direktor des Theaters, der nie an *Carmen geglaubt* hatte, mehr oder weniger dafür verantwortlich war. Einem Minister, der schrieb und um eine Loge für die Premiere bat, antwortete er, es wäre vielleicht besser, wenn er zur Generalprobe käme, um zu sehen, ob er das Stück für seine Frau und seine Töchter anständig genug fände! ... Möglicherweise weckten diese Vorwürfe der Unmoral die Neugier. Jedenfalls ist sicher, dass nach der fünften Vorstellung die Einnahmen stiegen und die Apathie des Publikums weniger ausgeprägt war. Das Stück wurde am 13. Juni zum 37. Mal aufgeführt, kurz bevor das Theater für die Sommerferien schloss. Bizet war am 3. Juni gestorben. Im Herbst wurde *Carmen* wiederbelebt und dreizehn Mal aufgeführt; danach erst wieder 1883 in Paris.

Zu verschiedenen Zeiten wurden Versuche unternommen, zu beweisen, dass *Carmen* bei seiner ersten Aufführung kein Misserfolg war. Der bemerkenswerteste dieser Versuche ist ein Artikel, der für die „ Ménestrel " (1903, S. 53) von Arthur Pougin mit dem Titel „La Légende de la Chute de *Carmen* et la Mort de Bizet" verfasst wurde und in dem er Mme. Galli- Marié zitiert : „ L'insuccès de *Carmen* à la création , mais das ist une legende ! *Carmen* nichts ist unbemerkt geblieben Darstellungen , wie viel das Schicksal .... Wir haben mehr als 10 ... damals in der Saison , und wenn ce Der arme Bizet ist gestorben, der Erfolg seines Meisterwerks anhäufen endgültig assis ." ... Pigot spottet darüber und weist darauf hin, dass die Erfordernisse des Repertoires es für einen Regisseur oft erforderlich machen, ein Werk öfter aufzuführen, als es sich lohnt. Seine Beweise sind kumulativ und größtenteils überzeugend.

Laut H. Sutherland Edwards, der diese Informationen offenbar von Marie Roze erhalten hat, enthielt die Oper in ihrer ursprünglichen Form zwei komplette Arien für Carmen, die der Komponist und seine Librettisten schließlich wegließen. Die Zigeunerin sollte als reuefähig (!) dargestellt werden und nach der Szene, in der sie ihren Tod durch die Karten vorhersagt, allein gelassen werden, um ihren Gefühlen in einer pathetischen Arie freien Lauf zu lassen! Die andere weggelassene Arie kam im letzten Akt vor.

Mr. Edwards gibt uns weitere Einzelheiten: Der Stierkampf sollte nach dem ursprünglichen Entwurf der Autoren in Form eines Tableaus gezeigt werden, das die gesamte hintere Bühnenfläche einnahm, mit lebenden Chorfiguren und „Statisten" im Vordergrund und gemalten Figuren dahinter. Escamillo sollte zu sehen sein, wie er über die Gestalt des gefallenen Stiers triumphierte, während die Zuschauermenge, die die Arena überblickte, lautstark die Melodie des Toreros rief. Vor einem dunklen Hintergrund (nur die hintere Bühnenfläche war beleuchtet) waren die Figuren von Carmen und Don José zu sehen.

Charles Pigot erzählt uns, dass Micaelas Lied ursprünglich für *Griselidis* *komponiert wurde* (eine Oper, für die Sardou das Buch lieferte und die Bizet nie vollendete). Die Partitur von *Carmen* wäre ohne dieses Lied perfekt. Die Geschichte der Habanera wird an anderer Stelle in diesem Band erzählt (S. 27) und muss hier nicht wiederholt werden.

Carmen enthielt ursprünglich viele gesprochene Dialoge, die noch heute an der Pariser Opéra-Comique zu hören sind. Guiraud (nicht Godard, wie Clara Louise Kellogg meint) schrieb die Musik für die Rezitative, und mit diesen wird das Werk normalerweise in ausländischen Theatern aufgeführt, darunter auch in der Metropolitan Opera. In einigen Theatern wird jedoch eine Bastardversion aufgeführt, eine Kombination dieser beiden Formen.

Wahrscheinlich begründen die Spanier ihren Haupteinwand gegen *Carmen* mit der Idealisierung eines nationalen Typs, den das Libretto bietet. Wahrscheinlich haben sie nichts gegen die Musik einzuwenden. Jedenfalls haben sie italienische, französische und deutsche Musik immer als angenehm für ihre Ohren empfunden, und viele spanische Komponisten waren weniger spanisch als Bizet, der schließlich Jude und selbst ein bisschen Orientale war! Die Tänze und einige der Zwischenaktmusiken dieser Oper können also als durch und durch spanisch angesehen werden. Aber ob spanisch oder nicht, es lässt sich nicht leugnen, dass Bizet es geschafft hat, eine der entzückendsten Opern zu schreiben. Als ich Nietzsches „Der Fall Wagner" zum ersten Mal las, war ich geneigt zu glauben, dass der Deutsche in seiner Wut auf Wagner die dümmsten Gegner gegen sich ins Feld geführt hatte, um seinen ehemaligen Helden noch lächerlicher zu machen. Heute empfinde ich das nicht mehr so. Ich schließe mich in aller Bescheidenheit allen Ergüssen Nietzsches an: „Diese Musik scheint mir vollkommen zu sein. Sie nähert sich leicht, flink und höflich. Sie ist liebenswürdig, sie verursacht keinen *Schweiß*. ‚Das Gute ist leicht; alles Göttliche läuft mit leichten Füßen' – der erste Satz meiner Ästhetik . Diese Musik ist böse, subtil und fatalistisch; sie bleibt gleichzeitig populär – sie hat die Subtilität einer Rasse, nicht die eines Individuums. Sie ist reich. Sie ist präzise … Sie hat von Mérimée die Logik der Leidenschaft, den kürzesten Weg, die *strenge* Notwendigkeit übernommen. Sie besitzt vor allem, was zum warmen Klima gehört, zur Trockenheit der Luft, zu ihrer *limpidezza* … Diese Musik ist heiter; aber sie hat keine französische oder deutsche Fröhlichkeit. Ihre Fröhlichkeit ist afrikanisch; das Schicksal schwebt über ihr, ihr Glück ist kurz, plötzlich und ohne Vergebung." Hat jemals jemand *Carmen so gut* beschrieben ? Und es gibt noch viel mehr. Ich bitte Sie, schlagen Sie „Der Fall Wagner" auf und lesen Sie ihn vollständig … und kommen Sie vielleicht wie ich zu der Überzeugung, dass Wagner außer *Tristan* selbst nie ein so vollkommenes Meisterwerk geschaffen hat.

Bevor wir einen Blick auf einige der Damen werfen, die versucht haben, dem spanischen Zigeuner gerecht zu werden, sollten wir uns vielleicht ein paar Sekunden lang zwei Beschreibungen des *Cigarrera* -Typs ansehen. Gautier besuchte die berühmte Fábrica de Tobacos in Sevilla, wo Carmen angestellt war, bis sie begann, ihre Kollegen mit Messern zu stechen. Hier ist, was er darüber sagt:

" Wir gehen in die Ateliers , wo die Zigaretten rauchen de Blätter . Fünfmal sechs Cent Frauen sind Mitarbeiter dieser Zubereitung . Wenn wir den Fuß in ihrem Zimmer nachahmen , rauchen wir attackiert von einem Ouragan mit Geräuschen: sie parlamentieren , singen und streiten immer wieder . Ich verstehe nicht , was ich tun soll pareil . Sie sind da jeunes für das Plupart , et il y en erspare dir die Freuden der Festung . Das Negligé extrem von ihrer Toilette durchdrungen schätzen ihre Charme de alle Freiheit. Einige porträtieren Entschlossenheit , mit ihrer Hand eine Zigarettenspitze zu schwingen , mit der Gelassenheit eines Husarenoffiziers ; anderen , o Muse, sieh zu, mir zu helfen ! von anderen ... schelmisch wie die alten Kumpels, lass sie einfach den Tabak rauchen sie de kann vor Ort konsumieren .... Die *Zigarrenfabrik* von Sevilla est un type, comme la *manola* de Madrid."

Ich füge auch Edmondo de Amicis' Beschreibung bei: „Die Frauen befinden sich fast alle in drei riesigen Räumen, die durch drei Pilasterreihen in drei Teile geteilt sind. Der erste Eindruck ist überwältigend. Achthundert Mädchen präsentieren sich auf einmal Ihrem Blick. Sie sind in Gruppen von fünf oder sechs aufgeteilt und sitzen um Arbeitstische herum, dicht an dicht, die in der Ferne undeutlich und die letzte kaum sichtbar. Sie sind alle jung, aber nur wenige sind Kinder; insgesamt achthundert dunkle Haarköpfe und achthundert dunkle Gesichter aus jeder Provinz Andalusiens, von Jaén bis Cadiz und von Granada bis Sevilla. Sie hören das Summen, das Sie auf einem Platz voller Menschen hören würden. Die Wände, von einem Ende der drei Räume bis zum anderen, sind mit Röcken, Schals, Taschentüchern und Halstüchern bedeckt, und seltsamerweise weist die ganze Masse an Lumpen, die ausreichen würde, um hundert Second-Hand-Läden zu füllen, zwei vorherrschende Farben auf , beide durchgehend, eine über der anderen, wie die Streifen einer Flagge. Die Oben ist das Schwarz der Schals, unten das Rot der Kleider, und mit letzterem vermischt sind Weiß, Purpur und Gelb, so dass man glaubt, einen riesigen Kostümladen oder einen großen Tanzsaal zu sehen, in dem die Balletttänzerinnen, um mehr Bewegungsfreiheit zu haben, alles an die Wand gehängt haben, was nicht unbedingt notwendig ist, um sich anständig zu bedecken. Die Mädchen ziehen diese Kleider an, wenn sie gehen, tragen aber bei der Arbeit alte Sachen, die jedoch wie die anderen weiß und rot sind. Da die Hitze unerträglich ist, machen sie ihre Kleidung so viel leichter wie möglich, so dass unter diesen fünftausend kaum fünfzig sein dürften, deren Arme oder Schultern der Besucher nicht in seiner Freizeit bewundern kann, abgesehen von den Ausnahmefällen, die sich ganz unerwartet beim Übergang von einem Raum in den anderen, hinter Türen, Säulen oder in entfernten Ecken zeigen. Es gibt einige sehr schöne Gesichter, und selbst die, die nicht unbedingt schön sind, haben etwas an sich, das das Auge anzieht und im Gedächtnis haften bleibt – die Hautfarbe , die Augen, die Brauen und das Lächeln zum Beispiel. Viele, und besonders die sogenannten *Gitanen* , sind dunkelbraun wie Mulatten und haben hervorstehende Lippen; andere haben so große Augen, dass eine getreue Nachahmung dieser Personen übertrieben erscheinen würde. Die meisten sind klein, gut gebaut und alle tragen eine Rose, eine Nelke oder einen Strauß Feldblumen zwischen ihren Zöpfen." [3]

Mlle. Célestine Galli- Marié war die erste Carmen. Sie soll entzückend gewesen sein, aber die erste Interpretin einer Rolle hat immer einen Vorteil gegenüber denen, die ihr folgen; sie braucht den Vergleich nicht zu fürchten. Sie wurde der Unmoral angeklagt, aber es ist unwahrscheinlich, dass sie sich so viele Zigeunerfreiheiten erlaubte wie einige ihrer Nachfolger. Charles Pigot erzählt uns, dass sie Mérimées energische Radierung ausnutzte: „ elle avait preis modell auf diesem porträt von einem Ähnlichkeit , die dem Menschen das Prickeln des Lebens verleiht Evoqué . Oeillades Assassines , Grüße von den lüsternen Schuldigen , die das Opfer auszahlen Füße und Füße Lügen , Ausbrüche lasziv , schaukelnd auf den Bauch , es ist nicht so , als ob es eine Ähnlichkeit gäbe ; usw. Einsatz perverser Körper , reflektierend auf Wunder der Mann von diesem böhmische ehontée , dieses Rohmaterial von Tonnen in der Wiedergabe der Geste und der Verlockung , die gut für die Menschen erschütternd und feurig schreiend die Unmoral , étaient Anzeichen für die Unverschämtheit der Person und, ich habe hinzugefügt , notwendig für die Wahrheit des Dramas , für die Erklärung der Verzauberung unterbreitet mir Navarrais ."

Arthur Pougin sagt über sie: „Mme. Galli- Marié sollte in die Reihe der zahlreichen Künstler aufgenommen werden, die, obwohl sie nicht mit einer großen Stimme ausgestattet sind, diesem Theater seit einem Jahrhundert Dienste erwiesen haben, die sich durch ihr schauspielerisches Talent und ihren unbestreitbaren Wert aus dramatischer Sicht auszeichnen … Sie ist gleichermaßen in der Lage, Lachen hervorzurufen wie Tränen hervorzurufen, und verfügt über ein künstlerisches Temperament von großer Originalität … das es ihr ermöglicht hat, Rollen zu spielen, die ihrem ausgeprägten Typ anvertraut sind … in denen sie Personen dargestellt hat, deren Wesen und Eigenschaften im Wesentlichen gegensätzlich sind." … Sie starb am 22. September 1905 in Vence in der Nähe von Nizza.

Fräulein Ehnn scheint die zweite Carmen gewesen zu sein, denn Wien war die zweite Stadt, in der Bizets Oper aufgeführt wurde; das Datum war der 23. Oktober 1875. Brüssel hatte die Ehre , die dritte Stadt zu sein; das Datum war der 8. Februar 1876; Mlle. Maria Dérivis spielte hier die Rolle der Zigeunerin. Danach machte die Oper ihre große Welttournee und etablierte sich fest im Repertoire der bescheidensten Gesangstheater. Es gibt kaum eine Sängerin, die nicht irgendwann einmal eine der Rollen in diesem Werk gesungen hat. Manchmal war es Micaela (Mme. Melba hat diese Rolle unter anderem gesungen), manchmal Frasquita, in der Emma Trentini in New York sofort Eindruck machte, und meistens Carmen selbst, denn sowohl Altstimmen als auch Sopranistinnen traten in der Rolle auf.

Adèle Isaac, eine Sopranistin, sang die Rolle, als *Carmen* 1883 an der Opéra-Comique wiederaufgeführt wurde. Sie machte keinen sehr guten Eindruck, aber die Oper wurde viel positiver aufgenommen als 1875. Als Mme. Galli-

Marié wieder auftauchte , wurde sie erneut als unvergleichlich angesehen. Dann kam Mme. Nardi. Um 1888 sang Mme. Deschamps- Jehin die Rolle . Mme. Tarquini d'Or folgte ihr nach. Im Dezember 1892 enthüllte Mme. Calvé ihre Charakterisierung. Es war in Amerika üblich, einen großen Unterschied zwischen ihren frühen und späten Auftritten in dieser Rolle hervorzuheben ; es wurde gesagt, dass sie unsicher und eigensinnig wurde. Paris fand sie immer so, aber man muss bedenken, dass man im französischen Theater der Tradition folgen muss. Charles Darcourts Kritik in "Le Figaro" am nächsten Morgen reicht aus, um einen Pariser Eindruck zu vermitteln: Er warf ihr vor, "d'être allée trop loin dans ses Gesten und Haltungen , die man haben möchte es ist nur allzu leicht , sich auf die Grenzen des guten Geschmacks und über den guten Ton zu beschränken."... Mlle. Charlotte Wyns sang Carmen im Jahr 1894. Ihr folgten Mme. Nina Pack, Mme. de Nuovina und Mme . Marie Brema . 1898 kam Georgette Leblanc, die später die Frau von Maurice Maeterlinck wurde. Mlle. Leblancs Interpretation war neuartig und sie inspirierte einen Kritiker (Fierens - Gevaert), die folgenden ekstatischen Zeilen über ihren Auftritt im zweiten Akt zu Papier zu bringen:

"Mlle. Leblanc ist in ein langes Gewand aus geflochtenem Tüll gekleidet, das mit Pailletten verziert ist. Ihr Körper, fein proportioniert, wird durch diese indiskrete Drapierung enthüllt. Ihre edel modellierten Schultern und Arme sind nackt. Ihr Haar ist von drei goldenen Kreisen begrenzt, die nach griechischer Art angeordnet sind. Alma, Zigeunerin, Tochter des Ostens, Prinzessin des Harems, byzantinische Kaiserin oder maurische Tänzerin? All dies wird durch dieses fantastische und verführerische Kostüm angedeutet. Aber ein idealeres Bild verfolgt uns. Die Sängerin wird ständig von weiblichen Visionen unserer ultramodernen Dichter gedrängt. Sie findet absolute Schönheit in dem exquisiten Körper einer Frau, die von einem florentinischen Gewand belebt wird. Und durch diese imaginäre Figur komponiert sie ihre anderen Inkarnationen; und in einer Taverne, in der Zigeunerinnen Soldaten treffen, evoziert sie die Erscheinung einer Frau von Mantegna oder Botticelli, erniedrigt, niederträchtig, die die Idee einer schamlosen Kreatur vermittelt, die ihre Schamlosigkeit nicht verloren hat. ganz die Anmut ihres ursprünglichen Ranges. Sie wird nie müde, ihr ursprüngliches Vorbild herabzuwürdigen. Sie ist sinnlich, unverschämt, wollüstig, grob, aber in ihrer weißen Diktion, in ihrem unbeschwerten Gang erahnt man ihren Wunsch, etwas anderes hervorzurufen... Carmen ist, laut Mlle. Leblanc, ein hybrides, monströses Geschöpf. Man betrachtet sie mit eifriger Neugier und unendlicher Traurigkeit... Mlle. Leblanc macht sich über ihre Stimme lustig. Sie misshandelt sie, drischt sie, unterzieht sie unmenschlichen Beugungen... Ihr Gesang ist nicht musikalisch, ihrer Interpretation fehlt die Naivität, die für wahre dramatische Kraft notwendig ist. Dennoch ist sie eine der emotionalsten Interpretinnen unserer Zeit. Ihre begrenzten Fähigkeiten, die durch tausend Akzentdetails verborgen werden, erinnern an die schwache und kunstvolle Poesie der künstlerischen Degeneration... Dank ihr leben Antiochia und Alexandria, korrupte und anbetungswürdige Städte, für eine Stunde wieder auf."

Vielleicht hat Philip Hales Beschreibung von Carmen etwas mit diesem Bild von Mlle. Leblanc zu tun. Auf jeden Fall ist es eindrucksvoll genug, um es wiederzugeben:

"Carmen lebte schon Jahre, bevor Mérimée sie kannte. Sie stirbt viele Tode und wird oft wieder auferweckt. Als die Welt noch jung war, hieß sie Lilith, und die Schlange hasste Adam um ihretwillen. Sie starb in jener wilden Nacht, als der Himmel Feuer auf die Städte der Ebene regnen ließ. Samson kannte sie, als sie im Tal von Sorek wohnte. Die Hügelbauer sahen sie und fielen ihr zu Füßen. Sie beunruhigte die unschuldigen Männer Äthiopiens. Jahre später war sie die Freundin von Theodora. Im 15. Jahrhundert wurde sie bei Sabbatfeiern bemerkt , die von der vierhörnigen Ziege angeführt wurden. Ende des letzten Jahrhunderts war sie in Paris und trug Puder und Pflaster beim Abendessen, das der Marquis de Sade gab. In Spanien rauchte sie Zigaretten und ruinierte das Leben von Don José."

Georgette Leblancs Nachfolgerinnen waren Mme. Delna, Zélie de Lussan , Marié de l'Isle (die Mercedes sang, bevor sie Carmen sang), Cécile Thévenet , Jenny Passama , Claire Friché , Marguerite Sylva, Mme. Lafargue, Mlle. Vix , Mlle. Brohly , Mlle. Charbonnel, Sigrid Arnoldson, Mlle. Mérentié und Lucienne Bréval , die Zuloaga in dieser Rolle zweimal malte. Eines dieser Gemälde hängt im Metropolitan Museum of Art in New York. Das andere gehört Mme. Bréval . Ich habe Mme. Bréval nicht in *Carmen* gesehen , aber ich habe sie in anderen Opern gesehen, und ich glaube, ich kann mit Sicherheit sagen, dass Zuloagas Konzeption von ihr zigeunerhafter ist als ihre Darstellung ... Eine der letzten Pariser Carmens war Mary Garden.

Zuloagas Porträt von Lucienne Bréval als Carmen. Zweiter Akt

Ich glaube, Col. Mapleson brachte *Carmen* nach London. Die Uraufführung fand am 22. Juni 1878 im Her Majesty's Theatre statt. Er hatte das Glück, Minnie Hauk aus Brooklyn als seine Hauptdolmetscherin zu haben, die, so glaube ich, die Rolle schon in Brüssel zu hören war, bevor sie sie in London sang. Sie soll in der Rolle faszinierend gewesen sein und sich die Rolle sofort zu eigen gemacht haben. Mapleson erzählt in seinen „Memoiren", was für eine schöne Zeit er mit den anderen Dolmetschern hatte. Campanini gab die Rolle des José zurück und gab als Begründung an, dass er keine Romanze und kein Liebesduett außer mit der *Seconda Donna habe* . Del Puente meinte, die Rolle des Escamillo müsse für einen der Chorsänger bestimmt gewesen sein . Mlle. Valleria machte eine ähnliche Bemerkung in Bezug auf Micaela. Der schlaue Colonel schaffte es jedoch, die Sänger dazu zu bewegen, zu ein oder zwei Proben zu kommen, und in kurzer Zeit waren sie von ihren Rollen hingerissen .

Es wurde allgemein als selbstverständlich angesehen und in den meisten
Büchern wird dies tatsächlich so dargestellt, dass Minnie Hauk die erste
amerikanische Carmen war, aber Clara Louise Kellogg bestreitet dies in ihren
„Erinnerungen" und behauptet, dass sie Miss Hauk in dieser Rolle um
mehrere Monate voraus war. [4] Eines ist sicher, dass Miss Hauk als Carmen
auf ihre Zeitgenossen einen größeren Eindruck machte als Mme. Kellogg.
Eine frühe internationale Vertreterin der Rolle war Marie Roze, die laut H.
Sutherland Edwards zunächst kaum dazu überredet werden konnte, eine so
abscheuliche Rolle zu übernehmen. Sie erlag jedoch schließlich der
Verlockung. Edwards sagt über sie: „Marie Roze brachte die sanfte Seite der
Figur zum Vorschein. Carmen hat etwas von der Verspieltheit der Katze,
auch etwas von der Wildheit der Tigerin; und die wilde Seite von Carmens
Wesen konnte in Madame Marie Roze keine sympathische Vertreterin
finden." Clara Louise Kellogg gibt uns, wie es ihre Art ist, eine
eindringlichere Beschreibung: „Als sie (Marie Roze) *Carmen sang*, war sie die
sanftmütigste Zigeunerin, die je von einem eifersüchtigen Liebhaber
erstochen wurde – eine hübsche Carmen, aber zu süß und zu gut für alles."

Christine Nilsson soll entschieden haben, dass die Rolle nicht rein genug für
sie war, aber Adelina Patti, die öffentlich erklärt hat, dass Wagner *Parsifal für
sie geschrieben habe und dass sie die* Rolle der Kundry abgelehnt habe , konnte
sich die Chance, als Zigeunerin Mérimée-Bizet aufzutreten, nicht entgehen
lassen. Ihr Versagen war katastrophal. HE Krehbiel sagt, man habe sie in der
Rolle „gesehen und gelegentlich gehört". Sie „ignorierte die dramatischen
Elemente völlig und kümmerte sich nur um die Musik und nur um die Musik,
bei der sie allein sang." Aber Pauline Lucca sang die Rolle, glaube ich, mit
Erfolg.

Carmen war eine Rolle , die Lilli Lehmann vor ihrer Ankunft in Amerika
häufig in Deutschland gesungen hatte, und sie gab in dieser Rolle ihr
amerikanisches Debüt. Hier ist die Beschreibung ihres Auftritts („Chapters
of Opera") von Herrn Krehbiel:

„Lehmann als Zigeunerin mit ihrer Habanera und Seguidilla, mit ihrer
irrwitzigen Fantasie, die von einem sentimentalen Brigadier zu einem
schneidigen Stierkämpfer wandert, ist eine Vorstellung, die den Bewunderern
der späteren Brünnhilde und Isolde nicht leicht fallen wird; und tatsächlich
war sie für die erfahrenen Beobachter jener Zeit ein rätselhaftes Phänomen.
Carmen war den New Yorkern bereits eine vertraute Erscheinung, die sich
vorgestellt hatten, dass Minnie Hauk bei der Interpretation dieser Figur das
letzte Wort gesprochen hatte. Als Fräulein Lehmann kam, waren ihre große
Statur und ihr aufrechtes, fast militärisches Auftreten darauf angelegt, einen
Überraschungseffekt zu erzeugen, den man überwinden musste, bevor man

sich in das Gefühl hineinversetzen konnte, mit dem sie die Rolle prägte. Für das Auge war sie außerdem eine etwas matronenhaftere Carmen, als die Fantasie, angeregt durch frühere Aufführungen der Oper oder die Lektüre von Mérimées Roman, zu akzeptieren bereit war; aber es war im Einklang mit dem neuen Bild, dass sie der Figur die Leichtfertigkeit entkleidete und Verspieltheit, die allgemein damit assoziiert wird, und verstärkte seine unheimliche Seite. Darin wich Fräulein Lehmann von der Nachahmung von Frau Hauk ab und näherte sich der von Frau Trebelli an ... In ihrer musikalischen Darbietung übertraf sie diese beiden bewunderten und erfahrenen Künstler."

Mme. Trebelli , auf die im letzten Absatz Bezug genommen wurde, war hier in den Achtzigern eine beliebte Carmen, aber erst als Emma Calvé 1893/94 an der Metropolitan Opera auftrat, wurde *Carmen* zu einem Fetisch. Die Französin faszinierte das Publikum in dieser Rolle so sehr , dass sie selten in einer anderen auftreten durfte, obwohl ihre Santuzza, ihr Cherubino, ihre Anita und ihre Ophélie wahrscheinlich künstlerischere Leistungen waren. Sie war schön und lüstern und eigensinnig und durch und durch faszinierend, als sie hier zum ersten Mal in der Rolle auftrat . Ob sie sich später in sich selbst verliebte oder es ihr einfach überdrüssig wurde, scheint nicht sicher zu sein; jedenfalls ließ sie ihren Manierismen freien Lauf und trat bald völlig aus dem Bild, umso mehr, als sie häufig den Rhythmus der Musik verzerrte. Calvé hatte die Fähigkeit, wie nur wenige Sängerinnen sie besaßen, ihre Stimme zu färben , um verschiedene Emotionen auszudrücken, und ihre stimmliche Behandlung der Rolle am Anfang war ein Genuss. Ihre Kostüme waren sehr wundervoll. Ich habe Kritiken über sie und andere Carmens gelesen, die sich auf diesen Punkt beziehen. Aber Carmen war eine Schmugglerin, eine Diebin, sogar eine Mörderin; sie hatte oft viel Geld und kleidete sich häufig extravagant. Mérimée lässt uns in dieser Hinsicht keinen Zweifel. Als José sie das zweite Mal sieht, wird sie folgendermaßen beschrieben: „Elle était parée , diese genauso wie une Jagd , Pompon , Gewand , alles oder alles rubans . Ein Kleid aus Pailletten, auch blaue Pailletten , Blumen und Pailletten . teilweise ."

Wie viele Carmens haben wir seit Calvé gesehen! Zélie de Lussan , die eine exquisite Opéra -comique-Aufführung mit einem Hauch von Wildheit und einem bezaubernden Sinn für Humor gab ! Fanchon Thompson, die versuchte, die Rolle mit Henry W. Savages Truppe an der Metropolitan Opera auf Englisch zu singen, aber nach wenigen Takten zusammenbrach und die Bühne verließ. Olive Fremstad, die die Rolle in München oft gespielt hatte (in Deutschland singen alle Altstimmen die Rolle; sogar Ernestine Schumann-Heink hat sie dort gesungen), war für ein oder zwei Spielzeiten die Carmen der Metropolitan Opera. Ihre Interpretation orientierte sich an der von Lilli Lehmann. Sie war sehr streng, fast wild und sehr wenig humorvoll . Olive Fremstad erhielt für die Rolle Beifall , aber es gelang ihr nie, die Oper populär zu machen.

Olive Fremstad als Carmen. Erster Akt

Aber Clotilde Bressler-Gianoli sang die Rolle in Oscar Hammersteins erster Saison im Manhattan Opera House fünfzehnmal; die Aufführung der *Carmen* in diesem Theater rettete tatsächlich die erste Saison, so wie Mary Garden und Luisa Tetrazzini die zweite retteten. Mme. Bressler-Gianoli, die in dieser Rolle an der Pariser Opéra-Comique zu hören war und sogar einmal mit der New Orleans Opera Company im New Yorker Casino, gab eine entzückende Interpretation; ihr Hauptreiz lag in der völligen Freiheit von Befangenheit; sie war so natürlich, dass sie echt wirkte. Calvé sang die Rolle am Ende dieser Saison viermal. Mme. Gerville-Réache war eine weitere Carmen im Manhattan Opera House und Lina Cavalieri eine vierte. Mme. Cavalieri war besonders bezaubernd in den Tänzen, aber sie gab eine sehr unglaubwürdige Zigeunerin. In keiner Rolle, die sie jemals zuvor oder danach gespielt hat, hat sie einen solch mädchenhaften Unschuldseindruck erweckt. Mariette Mazarin sang hier Carmen, bevor man sie in *Elektra* hörte . Ihre Carmen war unverschämt und diabolisch, elektrisierend und schrill; ich denke, sie kann zu den großen Carmen gezählt werden; sie war sehr originell. Marguerite Sylvas Carmen ist traditionell und angenehm; im Ton sehr ähnlich dem von Zélie de Lussan . Sie wurde ausreichend gewürdigt... María Gay, die spanische Carmen, versuchte realistische Details wie Auswurf; eine gut gesungene, gut durchdachte, stimmige Darbietung, der es aber an Glamour mangelte.

Obwohl das Century Theatre mit Kathleen Howard und anderen sowie verschiedene kleine italienische Ensembles Carmen in New York aufgeführt hatten, fehlte das Werk mehrere Spielzeiten lang im Repertoire der Metropolitan Opera, bis Geraldine Farrar es 1914/15 wieder aufführte. [5] Die Kulissen und Kostüme waren neu. Als Caprice war die spanische Armee in bayerisches Blau gekleidet, obwohl José im Text mehrmals als *canari bezeichnet wird* . Caruso sang José, wie er es mit Mme. Fremstad getan hatte, und Herr Toscanini dirigierte. Beim Publikum wurde Carmen zu einem von Mme. Farrars Lieblingsstücken Rollen und teilt diese Auszeichnung mit Butterfly.

Andere Carmens, die erwähnt werden könnten, sind Anna de Belocca , Stella Bonheur, Kirkby-Lunn, Ottilie Metzger, Emmy Destinn , Marie Tempest, Selina Dolaro , Camille Seygard , Alice Gentle, Eleanora de Cisneros, Jane Noria, Ester Ferrabini , Margarita d'Alvarez , Tarquinia Tarquini ... Nebenbei sei gesagt, dass einige Carmens dem Giralda-Turm in Sevilla nicht näher kommen als Stanford Whites Imitation am Madison Square.

Obwohl Mary Garden drei der besten Rollen ihres Repertoires , Mélisande, Thais und Louise, nach Amerika brachte , also immerhin sechs Rollen , hat sie in diesem Land Sapho, Natoma, Dulcinée in *Don Quichotte* , Prinz Charmant in *Cendrillon* , Salome und Carmen zum ersten Mal gesungen. Am 3. November 1911 identifizierte sie sich erstmals mit der spanischen Zigeunerin im Philadelphia Opera House. Am 13. Februar 1912 war sie mit der Philadelphia Company in Bizets Oper in New York zu hören. Ich besuchte beide Aufführungen und fand an jeder von ihnen viel Bewundernswertes. Etwas jedoch fehlte, etwas stimmte nicht; niemand schien genau zu wissen, was. Der allgemeine Eindruck war, dass Mary Garden endgültig versagt hatte, und es wurde allgemein gemunkelt, dass sie nie wieder Carmen singen würde. Miss Garden ist jedoch nicht eine von denen, die sich ein Versagen erlauben; es kann sein, dass sie sich an Schumanns Ausspruch erinnert: „Wer sich selbst Grenzen setzt, von dem wird immer erwartet, dass er innerhalb dieser Grenzen bleibt." ... Jedenfalls war ich nicht überrascht, als ich erfuhr, dass Miss Garden in der Saison 1916/17 die Carmen an der Opéra-Comique in Paris sang. Im Herbst 1917 sang sie die Rolle in Chicago und am 8. Februar 1918 trat sie mit der Chicago

Opera Company in dieser Rolle erneut in New York auf. Dieser Anlass kann als einer der größten Triumphe angesehen werden, die eine Sängerin je erreicht hat. Denn Mary Garden hatte die Rolle so vollständig neu konzipiert , sich so in ihre Atmosphäre hineinversetzt, dass sie sie nun nicht nur zu einer ihrer großen Rollen gemacht hatte (sie steht auf einer Stufe mit ihrer Mélisande, ihrer Monna Vanna und ihren Thais), sondern auch zu *ihrer* Teil. Es gibt tatsächlich keine Carmen des Augenblicks, die mit ihr verglichen werden könnte.

Eine wilde Zigeunerin aus Triana, diese Erscheinung; eine *Zigarrenschneiderin* in der Fábrica de Tobacos für die "Angelegenheiten Ägyptens"; eine echte Gitana in ihrer *Saya* "mit vielen Reihen von Volants". Jeden Tag hätte man sie in den Straßen von Sevilla so sehen können, wie sie durch die Gitter in die Patios spähte, bereit, *bahi zu erzählen* . "Augen einer Zigeunerin, Augen eines Wolfes" ist ein spanisches Sprichwort, laut Mérimée, und Borrow erzählt uns, dass man einen Gitano immer an seinen Augen erkennen kann: "Seine Eigenart besteht hauptsächlich in einem seltsam starrenden Ausdruck, den man sehen muss, um ihn zu verstehen, und in einem dünnen Glanz, der sich in der Ruhe darüber legt und phosphorhaltiges Licht auszustrahlen scheint."... So, so schien es mir, waren die Augen von Mary Garden geworden. Dieses eigentümliche , instinktiv paradoxe Geschöpf würde sich in den Spinnies der trockenen spanischen Ebenen ebenso wohlfühlen wie auf der schmutzigen Bühne eines *Maison de Danses* in Triana oder, fröhlich geschmückt und mit Pailletten behangen, wie ein „aufgehübschter Handelsschmetterling" in einer Loge auf der Plaza de Toros. Sinnlich und kaleidoskopisch wie in der Seguidilla, ihren samtigen Rücken an dem *Canari reibend* ; stolz und anziehend (sie muss ein Stück des *Bar Lachi* mit sich herumgetragen haben) zog sie ihre Liebhaber an ihre Seite; sie ging ihnen nicht entgegen. Weißglühend vor Wut: Andere Carmens haben den Helm dem abgehenden José nachgeworfen; Mary Garden hat ihn wie eine explodierende Handgranate auf ihn *geschossen* . Fatalist: kabbalistische Zeichen, die in purpurnen Flammen auf ihrer Brust schwelen , veröffentlichten am Ende dieses Motto in römischen Buchstaben: „ *Je ne crains rien!* " Wenn sie tanzte, hob sie kaum ihre Füße vom Boden und klopfte mit ihren Absätzen rhythmisch und sinnlich in die verborgenen Kammern unserer Gehirne; so machten die Inquisitoren ihre Opfer mit dem endlosen Tropfen, Tropfen, Tropfen des Wassers verrückt. Ihre Handhabung ihres Fächers, eines monströsen spanischen Fächers, auf der einen Seite aus Koralle und auf der anderen mit tauromachischen Verzierungen, war an sich schon eine Lektion in diabolischer Anmut. Sie machte den Fächer zu einem Teil von sich selbst, zu einem Teil ihrer Bewegung, wie es eine Spanierin tun würde... Der Höhepunkt war passend genug; ihre Antwort an José im letzten Akt, „ *Non, je ne t'aime plus* ", sang sie nicht mit Nachdruck, nicht aus Wut, sondern mit einer Art belustigter Verachtung... So betrachtet die Zigeunerin den Busno ... *mit einer Art belustigter Verachtung* . Fatalistin, Humoristin , Zauberin, Pantherin, Wilde, *Gamine* – diese Carmen erinnerte abwechselnd an die jungfräuliche Brutalität Spaniens, die herbe, unheilvolle Leidenschaft der Persephone und die frivolen Teufeleien der Hölle selbst.

20. Juni 1918.

FUßNOTEN:

[1] Man muss bedenken, dass Mérimée und Borrow vor fast einem Jahrhundert schrieben; was damals wahr war, muss heute nicht mehr wahr sein. Borrow selbst sagt (in „The Zincali"): „Natürlich werden sich die beiden Rassen nur durch Mischehen vermischen, und bevor dieses Ereignis eintritt, müssen sich bei den Gitanos viele Veränderungen in ihren Sitten, Gewohnheiten, Vorlieben und Abneigungen und vielleicht sogar in ihren körperlichen Besonderheiten ergeben; vieles muss auf beiden Seiten vergessen werden, und im Laufe der Zeit wird alles vergessen."

[2] Dennoch wird *Carmen* in Spanien, sogar in Sevilla, häufig gesungen, obwohl wahrscheinlich häufiger auf Italienisch als auf Französisch oder Spanisch.

[3] Es gibt einen malerischen Bericht über diese Fábrica de Tobacos in Baron Ch. Davilliers " l'Espagne " (Hachette, Paris, 1874).

[4] Laut WJ Henderson (in seiner Einführung zu *Carmen* ; Dodd, Mead and Co., 1911), der in solchen Angelegenheiten normalerweise so genau ist, wie man nur sein kann, „ wurde *Carmen* erstmals in New York (auf Italienisch) an der Academy of Music am 23. Oktober 1878 unter der Leitung von Col. JH Mapleson aufgeführt. Die Hauptsänger waren Minnie Hauk als Carmen, Italo Campanini als Don José und Giuseppe del Puente als Escamillo." Es ist jedoch anzumerken, dass Mme. Kellogg nicht sagt, dass sie die erste *New Yorker* Carmen war.

[5] Mr. Henderson gibt einen interessanten und wahrscheinlich authentischen Grund für das Verschwinden von *Carmen* aus dem Repertoire der Metropolitan Opera an: „In den letzten Spielzeiten wurde sie in Amerika nicht so oft aufgeführt wie in Europa, weil das amerikanische Publikum gelernt hat, eine sehr eindrucksvolle Imitation der Heldin zu erwarten, und nicht so begierig in die Oper geht, wenn eine solche Imitation nicht geboten wird." Und weiter: „Mme. Calvés kühne, malerische und kapriziöse Imitation der Zigeunerin wurde zum Idol der amerikanischen Vorstellungswelt, und dadurch wurde großer Schaden angerichtet, denn während die begabte Darstellerin die Spielzeit mit einer stimmigen und gut ausgeführten Charakterisierung begann, ließ sie sich vom Erfolg schnell abbringen und dazu verleiten, die wahre dramatische Kunst zugunsten von geldgierigen Mitteln aufzugeben, die sich an die Gedankenlosen richten. Das Ergebnis war, dass Opernbesucher korrekte Imitationen von Carmen uninteressant fanden."

Anmerkungen zum Text

<u>S. 13.</u> „Warum es aufgegeben wurde, habe ich nie erfahren": Oscar Hammerstein hat mir später erzählt: „Die Partitur verlangte eine große Zahl von Gitarrenspielern, mehr, als ich ohne weiteres zusammenbekommen konnte. Ich hätte alle Friseure von New York engagieren müssen." ... Raoul Laparra hat mir voller Begeisterung von der Orchestrierung von *La Dolores* erzählt: „Die Gitarren erzeugen eine außergewöhnliche Wirkung."

<u>S. 14.</u> „Es gibt wahrscheinlich noch andere Beispiele": Während der Saison 1916-17 unternahmen spanische Ensembles mindestens zwei Versuche, New York einen Vorgeschmack auf die Zarzuela zu geben. Im Dezember traten in der Amsterdamer Oper Arrietas *Marina* und Chapís An einem Abend wurde *El Puñao de Rosas* gesungen, an einem anderen Valverdes *El Pobre Valbuena* und jemand anders *America para los Americanos* . Im April kam eine Truppe ins Garden Theatre und gab Chapís *La Tempestad* und vielleicht noch einige andere. Beide Experimente wurden auf primitivste Weise durchgeführt und waren von vornherein zum Scheitern verurteilt... *The Land of Joy* war das erste spanische Musikstück mit irgendeinem Anspruch (abgesehen von den langweiligen *Goyescas*), das in New York aufgeführt wurde.

<u>S. 14.</u> „ *La Gran Vía* ": Ich habe am 1. Juli 1918 im People's Theatre am Bowery eine Aufführung dieser Zarzuela auf Italienisch gehört. Das Werk ist bei umherziehenden italienischen Opéra -Bouffe-Ensembles beliebt , wahrscheinlich wegen des sehr reizenden „ *Pickpockets' Jota* ", *in dem die Gauner Polizisten auf ein Dutzend verschiedene Arten überlisten. Dies hat einen wahrhaft pikaresk anmutenden Ton, der an Folklore erinnert. Abgesehen vom Tango de la Menegilda* ist auch die Musik dieser Nummer die beste der Partitur . Diese Aufführung war primitiv und sicherlich nicht im spanischen Stil, aber sie war von Anfang bis Ende sehr fröhlich und reizvoll.

<u>S. 15.</u> „Die frühere Mode der Carmencita": Diese Liste ließe sich beinahe endlos fortsetzen. Ich habe Lola Montez nicht erwähnt, die in diesem Land tanzte, schauspielerte, Vorträge hielt und starb. Ihre Anmaßung, spanisches Blut zu haben, war jedoch größtenteils nur Anmaßung. Ihr Vater war der Sohn von Sir Edward Gilbert aus Limerick, obwohl sie mütterlicherseits etwas spanisches Blut hatte. Sie verbrachte einige Zeit in Spanien und studierte dort spanischen Tanz, aber es gibt keinen Beweis dafür, dass sie jemals diese Kunst beherrschte.... Ich glaube, sowohl Otero als auch La Tortajada sind in diesem Land aufgetreten. Aber keine dieser Frauen konnte der Sache der spanischen Musik oder des spanischen Tanzes im Ausland helfen. Über diese beiden kann ich persönlich sprechen, da ich sie beide

gesehen habe. Elvira de Hidalgo, eine spanische Sopranistin, sang am Ende der Saison 1909-10 einige Aufführungen im Metropolitan Opera House und im New Theatre. Eine ihrer Rollen war Rosina, die bei spanischen Sängerinnen beliebter ist als Carmen. Margarita d'Alvarez , eine in Liverpool geborene peruanische Altistin, sang in Oscar Hammersteins letzter Saison im Manhattan Opera House. Tortola Valencia tanzte während der Saison 1917/18 für kurze Zeit in einer Revue im Century Theatre. Die Maler Francis Picabia , der Kubaner, und Henry Caro- Delvaille , der in Sympathie und Aussehen fast ausschließlich Spanier, in seiner Kunst jedoch ganz Franzose ist, leben beide derzeit in diesem Land ... und die Werke von Pablo Picasso sind hier wohlbekannt.

S. 16. Hinzu kommen Juan Nadal, Tenor bei der Chicago Opera Company, José Mardones, Bass, Hipolito Lazaro, Tenor, und Rafaelo Diaz, Tenor, bei der Metropolitan Opera Company.

S. 18. „Wo sind sie?": Pedrells *La Celestina* hat viele Bewunderer gefunden. Camille Bellaigue empfiehlt es in seinen „Notes Brèves " dem Direktor der Opéra-Comique in Paris wärmstens: „Aussi bien, après tant de ' saisons ' russes , italiennes , allemandes, pourquoi ne pas en vermeiden une espagnole?"... Manuel de Fallas *La Vida Breve* wurde in Paris produziert, bevor es in Madrid zu hören war. G. Jean-Aubry lobt es in höchsten Tönen... Und José María Usandizagas *Las Golindrinas* erfreut sich in Spanien außerordentlicher Beliebtheit.

Pianisten haben schnell den Wert und die Schönheit spanischer Musik erkannt und sie in ihre Programme aufgenommen, wenn auch nicht in Hülle und Fülle, so doch zumindest nicht knauserig ... aber soweit ich weiß, wurde von unseren New Yorker Symphoniegesellschaften noch keine spanische Musik gespielt, obwohl Werke von Granados und möglicherweise auch die anderer spanischer Komponisten anderswo in Amerika zu hören waren. Diese Vernachlässigung ist nicht nur bedauerlich, sie ist auch dumm. Egal, ob die Musik gut oder schlecht, interessant oder langweilig ist, New York sollte erlaubt sein, etwas davon zu hören. Ich würde für den Anfang Albéniz' *Catalonia* , Joaquín Turinas *La Procesión del Rocio* , Conrado del Campos *Divina Comedia* , Pérez Casas' *Suite Murcienne* und Manuel de Fallas *Noches en los Jardines de España* . Von diesen würde ich am liebsten das zweite und letzte hören.

S. 18. „Es ist in der Tat fraglich, ob die Zarzuela in irgendeinem Theater in New York Fuß fassen könnte": Nicht länger fraglich. Nachdem wir nun *The Land of Joy gehört haben* , ist es sicher, dass eine Gruppe von Zarzuelas, die von einer guten Truppe mit einem guten Orchester im spanischen Stil aufgeführt wird, hier mit Begeisterung aufgenommen würde.

S. 18. „In Spanien sind italienische und deutsche Opern viel beliebter als
spanische": Diese Situation dürfte jedem Amerikaner oder Engländer
bekannt sein, denn weder in Amerika noch in England hat die englische Oper
irgendeinen Stellenwert. Siehe Anmerkung zu Seite 70.

S. 24. „ *Don Quixote* ": Anton Rubinstein schrieb ein Tongedicht mit diesem
Titel.... Diese Liste ließe sich noch viel länger machen. Die zweite von
Debussys *Estampes* für Klavier, *La Soirée dans Grenade,* sollte hier sicherlich
erwähnt werden.... Pablo Casals (Cellist) und Ruth Deyo (Pianistin) spielten
Loefflers *Poème Espagnol* bei einem Konzert in Boston am 24. März 1917.

S. 25. „Raoul Laparra": Dieser Komponist baskischen Blutes war fast ständig
von der Idee Spaniens besessen und hat wahrscheinlich konsequenter
spanische Musik geschrieben als einige iberische Komponisten, die hier
erwähnt werden könnten. Es soll eine weitere Tanzoper geben, schreibt er
mir, die zu *La Habanera* und *La Jota hinzukommen soll und Le Tango et la
Malagueña* heißen soll , womit die Reihe der „drei Dramen, die von drei
Tänzen inspiriert werden" abgeschlossen wird. Herr Laparra hat eine
Amerikanerin geheiratet und lebt derzeit in Amerika. Er hat eine Oper mit
dem Titel *Le Conquistador* fertiggestellt , die offensichtlich mit der spanischen
Besetzung Amerikas zu tun hat . Er hat auch ein Buch geschrieben, „La
Musique Populaire en Espagne " (Delagrave , Paris). „Der beste spanische
Komponist *ist* das Volk", lautet sein Satz.

Bei einem Konzert in der Aeolian Hall am 6. Januar 1917 spielte Harold
Bauer Laparras *Rhythmes Espagnols* (als erste Aufführung in New York
angekündigt). Es handelte sich um eine Reihe charakteristischer
Tanzimpressionen. Der Komponist kommentierte dies wie folgt:

„Es gibt in Spanien eine Welt, die außerhalb der Iberischen Halbinsel kaum
bekannt ist und die aus diesen Menschen mit ihren Schulen und Traditionen
besteht. Das ist es, was ich zu erfassen versucht habe, das ist es, was mich
leidenschaftlich interessiert. Ohne die Verwendung einheimischer Melodien
habe ich meine Musik den einheimischen Rhythmen und Formen
nachempfunden und so versucht , den Geist des Volkes zu interpretieren. So
Petenera ist im charakteristischen Stil und Rhythmus der gleichnamigen
Sängerin konzipiert, einer Andalusierin, die im letzten Jahrhundert lebte. Alte
Sänger, die sie gehört hatten, erzählten mir, dass sie „wie ein Engel" sang.
Niemand konnte ihr Geburts- oder Todesdatum nennen, und sie ist zu einer
legendären Figur geworden, um die ganz Andalusien weinte und immer noch
weint, obwohl ihre Schönheit und ihre Stimme vielen Männern viel Unglück
bereiteten.

„ *Tientos* gibt den Eindruck jener geheimnisvollen Kommentare der Gitarre
vor oder während der schluchzenden Melodiefiguren des Sängers wieder.

Sänger und Gitarrist improvisieren gemeinsam und seltsamerweise immer im Einklang, als seien sie von einem einzigen Impuls beseelt.

„Die *Sevillanas* sind in ihrer Form authentisch. Ihre vier Figuren stellen den Tanz dar. In der Sevillana jagen sich zwei Tänzer, einer in Rot, der andere in Gelb, wie zwei große Schmetterlinge, inmitten des Klapperns der Kastagnetten. Es ist zugleich der anmutigste und *stolzeste* Tanz, den ich kenne.

„ *Rueda* baut auf dem Rhythmus des gleichnamigen kastilischen Tanzes im 5er-8er-Takt auf. Wir sind nicht mehr in Andalusien, sondern in einer anderen Szene: Hochplateaus, auf denen, ernst wie die umgebende Natur, gewaltige Wesen tanzen, die aus der Vergangenheit zu kommen scheinen. Es ist ein Tanz toter Städte, Ávila, Burgos und viele andere, die in der erhabenen Traurigkeit des alten Kastilien schlafen, wo die großen Winde weinen.

„ *Solea* gehört zu einer Welt der Magie, einer Welt der Zigeuner . Jeder dieser Zigeuner scheint in seinem Herzen und in seinen Augen irgendeinen Kummer zu haben, irgendeinen unerkannten Schicksalsschlag. Daher das Motiv meiner *Habanera* und der Charakter ihres Helden, Ramón.

„ *Paseo* : Sonne, Kupfer, Rot, Gold – das sind die Klang- und Bildschwingungen des spanischen Festes. Besonders bei den Stierkämpfen blenden sie einen, wenn unter den wilden Beifallsrufen einer aufgeregten Versammlung die *Cuadrilla* – die Truppe der Kämpfer und geschmückten Pferde und Maultiere – die Arena betritt. Dies ist das Thema dieser musikalischen ‚Note‘.“

Herr Laparra verfeinerte diese Suite, fügte weitere Klavierstücke und Lieder hinzu und gab am 24. April 1918 in der Aeolian Hall in New York mit Unterstützung der Sopranistin Helen Stanley ein Konzert, das er „Eine musikalische Reise durch Spanien“ nannte. „Das sind keine Lieder, wie sie in Spanien gesungen werden“, sagte Herr Laparra, „sondern es sind die musikalischen Formen dieses Landes, ausgedrückt durch die Vision eines französischen Reisenden und von ihm mit völliger fantasievoller Freiheit behandelt.“

Herr Laparra wurde am 13. Mai 1876 geboren und studierte am Pariser Konservatorium bei Massenet und Gabriel Fauré. 1903 erhielt er den Prix de Rome.

S. 26. „Die Tänze und Zwischenakte sind von spanischem Kolorit “: Laut M. Sterling Mackinlay war Manuel García, der am 22. Juni 1878 die Uraufführung von *Carmen* in London besuchte, „überrascht und erfreut über das spanische Kolorit der Musik.“

S. 28. „Clément et Larousse führen eine lange Liste von *Don Quijote* -Opern auf, aber eine von Manuel García fehlt darin": Diese Oper wird in Hugo Riemanns „ Opern Handbuch " zusammen mit anderen zum gleichen Thema von Purcell, Paesiello , Salieri und Piccinni.

S. 29. „El Sombrero de tres Picos": Dieser amüsante Roman von Alarcón, übersetzt von Jacob S. Fassett, jr., wurde kürzlich von Alfred A. Knopf veröffentlicht.

S. 29. „ *Il Trovatore* ": Wir sind es heute nicht gewohnt, Verdis Oper als spanisch zu betrachten. Aber lesen Sie Henry Fothergill Chorley („Dreißig Jahre musikalische Erinnerungen"): „Einer der Punkte in *Il Trovatore* , der vielleicht der Erinnerung wert ist, nachdem diese oder jene Melodie in die Vorhölle der alten Melodien übergegangen ist, ist Signor Verdis Versuch, spanische Zigeunermusik zu singen . Der Chor der Streuner und Herumtreiber, der den zweiten Akt eröffnet, hat eine Unhöflichkeit – ein oder zwei Takte orientalischer Singsang – bevor die italienischen Ambosse beginnen – die jeden an echte Zigeunermusik erinnern muss, wie man sie in Spanien hören und sehen kann. – So ist auch die monotone, ausdruckslose Erzählung der Zigeunermutter Azucena, die nur von ihrer eigenen Leidenschaft beseelt zu sein scheint – umso wahrhaftiger (möglicherweise), weil ihr Charakter fehlt. Es gibt bei diesen Leuten keine wirkliche Melodie – und die wilden Schreie, die sie ausstoßen, könnten nicht in Notenschrift niedergeschrieben werden, wenn es nicht den Tanz gäbe, den sie begleiten. – Signor Verdi hat vielleicht habe dies begriffen, wenn auch mit unzureichenden Ausdrucksmöglichkeiten; jedenfalls findet sich eine gewisse Vorstellung dieser Art in der so genannten charakteristischen Musik des „ *Troubadour* ".

S. 29. „ *Don Giovanni* und *Le Nozze di Figaro* ": „Sevilla ist mehr als jede andere Stadt, die ich je gesehen habe, die Stadt des Vergnügens … und indem sie ein fröhliches Leben führt und im Hier und Jetzt lebt, führt sie eine Tradition fort: Sie ist die Stadt Don Juans, die Stadt Figaros." Arthur Symons in „Cities".

S. 30. Zu dieser Liste von Opern kommen Cherubinis *Les Abencérages* , Donizettis *La Favorita* , Camille Erlangers *La Sorcière* , Lecocqs *Giroflé-Girofla* , Wallaces *Maritana* , d'Alberts *Tiefland* , Verdis *Don Carlos* , Sir Arthur Sullivans *The Chieftain* und Julius Eichbergs *Der Doktor von Alcántara* .

S. 36. Pastora Imperio ist wahrscheinlich die bedeutendste zeitgenössische spanische Tänzerin. Sie ist eine Zigeunerin, die Tochter der Tänzerin La Mejorana und des Stierkämpferschneiders Víctor Rojes , und sie heiratete den *Torero* El Gallo. Sie gab ihr Debüt im Japonés , dem besten Varieté-Theater Madrids, das 1900 eröffnet wurde. 1902 ging sie zu den Novedadés in der Calle Alcala, wo La Argentina, damals bekannt als Aidá , und die

berühmte Amalia Molina erstmals in Madrid auftraten. Die Brüder Quintero haben Pastora Imperio ein Sonett gewidmet und ihre „Historia de Sevilla" für sie geschrieben. Julio Romero de Torres hat sie gemalt. Und Benavente, der vielleicht größte der modernen spanischen Schriftsteller, hat ihren Tanz folgendermaßen beschrieben: „Ihr Fleisch brennt in der verzehrenden Hitze aller Ewigkeit, doch ihr Körper ist wie die Säule des Heiligtums, die im Schein heiliger Feuer zuckt ... Wenn wir Pastora Imperio beobachten, wird das Leben intensiver. Die Liebe und der Hass anderer Welten ziehen vor unseren Augen vorüber, und wir fühlen uns wie Helden, Banditen, von Versuchungen heimgesuchte Einsiedler, schamlose Schläger in der Taverne – was auch immer in einer Welt das Höchste und das Niedrigste ist. Ein Verlangen, schreckliche Dinge auszurufen, ergreift von uns Besitz: *Gitanaza ! Dieb! Mörder!* Dann beginnen wir zu fluchen. Schließlich fassen wir alles zusammen und preisen in einem Ausbruch der Begeisterung Gott, weil wir an Gott glauben, während wir Pastora Imperio betrachten, genau wie wir es tun, wenn wir Shakespeare lesen." Vor kurzem war La Imperio in einem Einakter zu sehen, dessen Musik aus de Fallas „ *El Amor Brujo" arrangiert wurde*
.

Die oben erwähnte Amalia Molina war vor etwa zehn Jahren in ihrer Blütezeit. Zuloaga hat mehrere Porträts von Anita Ramirez und anderen spanischen Tänzern gemalt. Eines seiner am meisten bewunderten Bilder ist das einer Zigeunertänzerin im *Torerokostüm* .

Hier möchte ich auch von La Goya sprechen, einer wunderbaren Varieté-Sängerin, die nicht nur in Spanien, sondern auch in Südamerika Berühmtheit erlangt hat. Sie hat sich besonders mit Kostümen beschäftigt. Populärer, aber nicht beliebter ist Raquel Meller.

S. 43. „der Schwanz eines Pfaus": In Catulle Mendès' Lied *La Pavana* , vertont von Alfred Bruneau, vergleicht er die Pavane mit einem Pfau.

S. 46. „sein Ursprung im zwölften Jahrhundert": Tomás Bretón schreibt mir, dass er es für lächerlich hält, dem Jota ein solches Alter zuzuschreiben. Seine Forschungen zu diesem Thema sind in einer Broschüre (1911) mit dem Titel „ Rápida ojeada historisch über die Musik española ."

S. 49. Merkwürdigerweise wird im Bericht eines Musikkritikers über eine Reise nach Spanien (HT Fincks „Spanien und Marokko") nur eine einzige Seite der Diskussion spanischer Musik oder Tänze gewidmet. Der Autor ist nicht mitfühlend. Die rhythmischen und dynamischen Merkmale der Aufführung, die Chabrier so begeisterten, ärgern Herrn Finck nur. Ich zitiere seinen Bericht, der mit einem Erlebnis in Murcia beginnt: „Am Abend erlebte ich auf der Straße eine interessante Vorstellung. Eine Frau und ein Mann sangen ein Duett und begleiteten sich dabei mit Gitarre und Mandoline. Sie bildeten eine besonders angenehme Kombination, die den

Darbietungen der italienischen Barden, die sich mit Drehorgeln oder billigen Harfen begleiten, unendlich überlegen war, ganz zu schweigen von den schrecklichen deutschen Bierkapellen, die unsere Straßen heimsuchen. Es war tatsächlich so angenehm, dass ich dem Paar mehrere Blocks weit folgte. Aber mit Ausnahme eines Studentenkonzerts in Sevilla war es fast die einzige gute Musik, die ich in Spanien hörte. In Madrid und Barcelona finden im Winter anspruchsvolle Opernaufführungen statt, und die Barcelonesen behaupten sogar, dass sie Wagner besser singen und verstehen als die Berliner; aber da die Opernhäuser während meines Aufenthalts geschlossen waren, kann ich zu dieser Prahlerei nichts sagen. In einem Café chantant, das ich in Sevilla besuchte, hörte ich statt Nationalhymnen vulgäre Französinnen eine französische Version von ‚Champagne Charley' und ähnliche vulgäre Dinge singen; niemand mochte diese Lieder, das stimmt, während ein seltenes Stück einer nationalen Melodie im Programm wilden Beifall erhielt; aber die Mode muss natürlich ihren Einfluss haben. In einem anderen Café war die Musik durch und durch spanisch, mit Gitarrenbegleitung; aber gemäß der üblichen spanischen Sitte standen ein Dutzend Personen auf der Bühne, die so laut in die Hände klatschten, um den Rhythmus vorzugeben, dass die Musik zu einem bloßen rhythmischen Geräusch verkam, das den Tanz begleitete. Diese Tänze interessieren die spanische Bevölkerung viel mehr als jede Art von Musik, und ich war gelegentlich amüsiert, als ich eine Gruppe von Arbeitern sah, die mit einem Ausdruck höchster Freude den grotesken Amateurtanz eines oder zweier von ihnen beobachteten und im Gleichtakt in die Hände klatschten.“

Als Théophile Gautier zu Beginn seines Spanienaufenthaltes gleichgültige Tänze von Frauen sah, die nicht mehr jung waren, so behauptet er, neigte er zunächst dazu, den spanischen Tanz als Mythos zu betrachten (S. 31): „Les danses spangón nicht vorhanden Wie in Paris , als Muscheln , die man auf den Kuriositätenmärkten nicht findet und die sich an der Meeresküste verfangen. O Fanny Elßler ! wer ist Wartung in Amerika bei den Wilden , auch Avantgarde d'aller de Spanien , wir sind Zweifel sind groß , Sie werden es wissen inventé la cachucha!"... Das war in Vitoria. In Madrid schreibt er: "On nous avait dies geschah in Vitoria, in Burgos und in Valladolid, wo die schönen Tänzerinnen in Madrid blieben . In Madrid sagen wir , dass es keine echten Cachucha-Tänzerinnen mehr gibt qu'en Andalusien , nach Sevilla . Es geht uns gut. mehr wir haben Angst was man tanzen lässt espagnole , es wird uns nicht gelingen in revenir à Fanny Elssler et aux deux soeurs Noblet."... In Andalusien kapitulierte er: "Les danseuses espagnoles , bien qu'elles nicht das Ende , die genaue Korrektur , die Steigerung der französischen Tänzerinnen , der sind , an einem avis , bien supereurs durch die Anmut und den Charme . wie sie schwer zu arbeiten und nicht zu glauben , dass diese schrecklichen Übungen Zuordnung , die der Schriftart ähnelt une Tanzunterricht in einem Foltersaal, sie offensichtlich diese ein Pferd , das ihn zu unseren Balletten mit einer makabren und einer anatomischen Note mitreißt ; sie konservieren Sie die Konturen und die Kreise Geschlecht ; sie ont die Luft der tanzenden Frauen und nicht die der Tänzerinnen, das ist ganz anders .... In Spanien die Füße hör auf , das Land zu beschmutzen ; Punkt dieser großen Pfostenrunden , dieser Es gibt Schriftarten , die ähnlich sind eine Frau mit einem Kompass Kraft , und was trödeln là - bas Düne Unverschämtheit aufrührerisch . Das ist der Körper, der tanzt , sind die Zügel, die sich biegen , die Schultern , die sich biegen , die Größe, die sich mit einem Suppensuppe d'Almée wo die Farbe ist . In den umgekehrten Posen , die Schultern der Tänzerin von es war peinlich , die Erde zu berühren; die BHs, Pames und Toten , ont une Flexibilität , eine Mollesse d'écharpe denouée ; auf der Suche nach den Hauptteilen soulever und faire babiller les castagnettes von Elfenbein mit goldenen Schnüren ; und in der Tat , im Moment , die Fesseln des jungen Jaguars , die darauf folgen langweilen wollüstig und beweisend , dass dieser Körper, weich wie Seide , von Stahlmuskeln umhüllt ist ...“

S. 50. "die Malagueña ": Gautier beschreibt diesen Tanz folgendermaßen: "La *malagueña* , danse locale de Málaga, est Echt Düne Bezaubernde Poesie . Der Kavalier Paraît an Bord , der *Hut* auf den Augen , geprägt in seinem scharlachroten Umhang wie ein Pelzmantel, der sich ausbreitet und nach Abenteuern verlangt . Die Dame dazwischen, drapiert in Sa Es ist ein Ereignis auf der Erde , mit den Gesichtern einer Frau , die einen Rundgang durch Alameda macht . Der Kavalier versucht , diese Figur zu sehen geheimnisvoll Sirene ; aber das kokette Manöver wenn gut , dann das Ereignis , das Werk und die Farm ja , das Rennen und das Zurück ja Aufforderung zur Hochmut seines fröhlichen Gesichts, dass er galant , enttäuscht , von einigen Fehlern zurückgehalten und von einem anderen gewarnt wird Strategie . Er wird die Kastagnetten unter seinem Mantel besprechen . Bei diesem Geräusch, die hübsche Dame die Ohrläppchen ; elle sie schmerzt , ihr Herz klopft , die Spitze ihres kleinen Satin-Fußes markiert das falsche Maß . elle jette sein Ereignis , sa Mantel und Mantel de Tänzerin -Toilette, Pailletten- und Glitzer-Töne, eine Rose im Haar , eine große Perücke d'écaille auf dem Kopf. Der Kavalier wird seiner Maske und seines Umhangs enthoben , und alle beiden führen einen Pass von einem aus Originalität köstlich ."

S. 51. „Die *Romalis* “: Arthur Symons hat eine sehr schöne Passage geschrieben, in der er einen tanzenden Zigeuner beschreibt. Wenn Sie Doloretes gesehen haben, werden Sie beim Lesen vielleicht an sie denken: „Alle spanischen Tänze und besonders die Tänze der Zigeuner , in denen sie in ihrer charakteristischsten Entwicklung zu sehen sind, haben einen sexuellen Ursprung und drücken, wie die östlichen Tänze, wenn auch weniger grob, die Pantomime der körperlichen Liebe aus. Im typischen

Zigeunertanz, wie ich ihn in Sevilla von einer schönen Gitana tanzen sah, steckt etwas von reiner Gaminerie und etwas von Teufel; das automatische Trampeln der Kinder und die laszive Pantomime einer sehr gelehrten Liebeskunst. So hat er die ganze Aufregung von etwas Spontanem und Einstudiertem, von Laster und einer Art frecher Unschuld, von der gedankenlosen Fröhlichkeit der Jugend sowie dem wissenden Humor der Erfahrung. Denn es ist ein Tanz voller Humor , voller Humor als Leidenschaft; Leidenschaft ahmt er tatsächlich auf der rein animalischen Seite nach und mit einer Art Kälte selbst in seiner Raserei. Er ist zu unendlichen Variationen fähig; er ist ein Drama, aber ein improvisiertes Drama zu einem bestimmten Thema; und es könnte endlos weitergehen, denn es wird nur durch die Pantomime bedingt, von der wir wissen, dass sie weite Grenzen hat. Eine Bewegung mehr oder weniger, und es wird obszön oder unschuldig; es befindet sich immer an einer zweifelhaften Grenze und gewinnt so seine außerordentliche Faszination. Ich hielt den Atem an, als ich die Zigeunerin im Tanzsaal von Sevilla beobachtete; ich fühlte mich unbewusst im Rhythmus ihres Körpers, ihrer winkenden Hände, des glitzernden Lächelns, das in ihren Augen kam und ging, schwanken. Ich schien in einen glänzenden Strudel hineingezogen zu werden, in dem ich mich drehte und drehte und das Summen des Wassers über meinem Kopf hörte. Die Gitarre summte, summte in einem tänzelnden Rhythmus, die Zigeunerin rollte sich in ihrem schleppenden Kleid auf dem Boden zusammen, zeigte nicht einmal ihre Knöchel, mit einer auf sich selbst konzentrierten Schnelligkeit; ihre Hände winkten, streckten sich aus, umklammerten zart, lebten bis in die Fingerspitzen; Ihr Körper richtete sich auf, beugte sich, die Knie beugten und streckten sich, die Fersen schlugen auf den Boden und trugen sie rückwärts und herum; die Zehen zeigten, hielten inne, zeigten, und der Körper sank herab oder erhob sich in Unbeweglichkeit, eine lächelnde, bedeutungsvolle Pause des ganzen Körpers. Dann wurde die Bewegung wieder lebhafter, zurückhaltender, als ob sie von unsichtbaren Grenzen gereizt würde, als ob sie sich in dem vergeblichen Wunsch zu entkommen gegen sich selbst wandte, als ob sie in ihren eigenen Fängen gefangen wäre; fieberhafter, tödlicher, die Stimmung wurde schmerzhaft, mit dem Schmerz des erreichten Verlangens; ernster, eifriger, mit der Mattigkeit, in der das Verlangen triumphierend stirbt."

S. 54. Ein weiterer Bericht über diesen Tanz in der Kathedrale findet sich in de Amicis' „Spanien und die Spanier". ... HT Finck sah diesen Tanz und widmet ihm einen kurzen Absatz auf S. 56 seines „Spanien und Marokko". Arthur Symons' Beschreibung in seinem Essay über „Sevilla" in „Städte" ist so bezaubernd, dass man sie zitieren möchte: „Es gab nur wenig Licht außer um den Altar, der von Kerzen erstrahlte; plötzlich wurde ein Vorhang beiseite gezogen, und die sechzehn Jungen in ihren blau-weißen Kostümen, die Federhüte in den Händen hielten, traten vor und knieten vor dem Altar nieder. Die Priester, die gesungen hatten, kamen aus dem Chor herauf; die Jungen erhoben sich und formierten sich in zwei Achtern, einander gegenüberstehend, vor dem Altar, und die Priester knieten in einem Halbkreis um sie herum. Dann begann ein unsichtbares Orchester zu spielen, und die Jungen setzten ihre Hüte auf und begannen, die *Coplas* zu Ehren der Jungfrau zu singen:

> „Oh meine, oh meine
> immakulada Amada
> !"

während sie zu einem Tanztakt sangen. Nachdem sie die *Coplas gesungen hatten* , begannen sie zu tanzen und sangen dabei immer noch. Es war eine Art feierliches Menuett, bei dem die Füße nie vom Boden abgehoben wurden, ein Menuett mit zarten Schritten und komplizierten Bewegungen, bei dem sich ein zentrales Quadrat bildete, teilte und eine ganze Linie durch die gegenüberliegende Linie verlief, wobei die äußeren Enden dann die Bewegungen der anderen wiederholten, während die anderen sich drehten und sich in der Mitte erneut teilten. Die erste Bewegung war sehr langsam, die zweite schneller und endete mit einer Pirouette; dann folgten zwei Bewegungen ohne Gesang, aber mit Begleitung von Kastagnetten, die erste Bewegung wieder sehr langsam, die zweite ein schnelles Rasseln der Kastagnetten, wie das Rasseln von Pauken, aber ohne die Hände über die Höhe der Ellbogen zu heben. Dann wiederholte sich das Ganze von Anfang an, die Jungen nahmen ihre Hüte ab, fielen vor dem Altar auf die Knie und gingen schnell hinaus. Ein oder zwei Verse wurden gesungen, der Erzbischof gab seinen Segen und die Zeremonie war vorbei.

„Und ja, ich fand es vollkommen würdevoll, vollkommen religiös, ohne den geringsten Verdacht auf Leichtsinn oder Unanständigkeit. Diese Weihe des Tanzes, diese Umwandlung eines möglichen Lasters in ein Mittel der Hingabe, dieses Einbringen der Volkskunst, der Volksleidenschaft, die in Sevilla das Tanzen ist, in die Kirche, wo sie einen Platz dafür findet, ist genau einer jener Akte göttlicher weltlicher Weisheit, die die Kirche bei ihrer Eroberung der Welt so oft praktiziert hat."

S. 55. „Der Fandango": Ich fand den folgenden Hinweis auf den Fandango in Philip Thicknesses bemerkenswert interessantem und überaus kuriosem Buch „A Year's Journey through France and Part of Spain" (London, 1777): „In keinem Teil der Welt werden Frauen daher mehr gestreichelt und umsorgt als in Spanien. Ihr Verhalten in der Öffentlichkeit ist ernst und bescheiden; dennoch sind sie sehr dem Vergnügen verfallen; und es gibt kaum eine unter ihnen, die den *Fandango nicht* privat tanzen kann, ja, will, weder auf anständige noch auf unanständige Weise. Ich habe ihn von einer hübschen Frau auf beide Arten tanzen sehen, und nichts kann unanständiger und *angenehmer sein; und mir wurde eine junge Dame in Barcelona* gezeigt, die mitten in diesem Tanz aus dem Zimmer rannte und ihrem Partner sagte, sie könne es nicht länger *ertragen* ; er lief ihr natürlich nach und muss für die Folgen geradestehen. Ich finde in der Musik des *Fandango* , die unter einem Takt, *Salido* , steht, dass bedeutet „*Ausgehen*"; dabei soll sich die Frau ein wenig von ihrem Partner lösen und sich langsam allein bewegen; und ich nehme an, dass *die Dame an dieser Bar* so überwältigt war, dass sie sich entschied, nicht mehr zurückzukehren. Die Worte „*Perra Salida*"sollten daher an dieser Bar stehen, wenn die Damen sie im hohen *Goût tanzen* ."

Philip Thicknesse ist eine der zu Unrecht vergessenen Persönlichkeiten des 18. Jahrhunderts. Er schrieb 24 Bücher, darunter das erste Buch „Leben von Thomas Gainsborough", den er entdeckt haben will und das Berichte über verschwundene Bilder enthält, „Eine Abhandlung über die Kunst des Entzifferns und des Chiffrierens mit einem harmonischen Alphabet" und den bereits erwähnten Bericht über eine Reise durch Frankreich und Spanien, der eine der frühesten einfühlsamen Beschreibungen von Montserrat enthält. Thicknesse führte alles andere als ein langweiliges Leben, und sein Verlauf war von einer Reihe heftiger Auseinandersetzungen geprägt. Er wurde 1719 geboren und war 1735 mit General Oglethorpe in Georgia. Später kämpfte er auf Jamaika gegen wilde Neger und kreuzte mit Admiral Medley im Mittelmeer. 1762 geriet er in einen Streit mit Francis Vernon (später Lord Orwell und Earl of Shipbrooke), damals Oberst der Miliz von Suffolk. und nachdem er dem Oberst das lächerliche Geschenk eines Holzgewehrs geschickt hatte, wurde er in einen Verleumdungsprozess verwickelt, mit dem Ergebnis, dass er drei Monate im King's Bench Prison eingesperrt und zu einer Geldstrafe von 300 Pfund verurteilt wurde. Er war dreimal verheiratet. Für seinen Sohn aus zweiter Ehe, Baron Audley, empfand er einen tiefen Hass, der in seinem Testament widerhallt, in dem er verfügt, dass ihm seine rechte Hand abgehackt und an Lord Audley geschickt wird, um ihn an seine Pflicht gegenüber Gott zu erinnern, nachdem er die Pflicht gegenüber seinem Vater so lange vernachlässigt hatte. Auch der Titel seines letzten Buches zeugt von dieser Fehde: „Erinnerungen und Anekdoten von Philip Thicknesse , dem verstorbenen Vizegouverneur von Land Guard Fort und unglücklicherweise Vater von George Touchet, Baron Audley." 1774 endete seine zwanzigjährige Freundschaft mit Gainsborough in einem erbärmlichen Streit. Im Jahr 1775 wurde ihm durch ein vom House of Lords ratifiziertes Kanzleidekret, gegen das er Berufung einlegte, das seiner Ansicht nach ihm zustehende Recht auf 12.000 Pfund von der Familie seiner ersten Frau entzogen. Er fühlte sich aus seinem Land vertrieben und zog mit seiner dritten Frau, zwei Kindern und einem Affen nach Spanien, kehrte aber nach einem Jahr nach England zurück und veröffentlichte das Buch, aus dem ich zitiert habe. Seine dritte Frau, Anne Ford, war eine berühmte Musikerin, und im alten Grove's Dictionary finden Sie einige Berichte über sie. Sie spielte

Gitarre, Viola de Gamba und die „musikalischen Gläser" und sang Melodien von Händel und den frühen Italienern. Der Zollinspektor in Cette fand auf dem Weg nach Spanien in Thicknesses Gepäck „eine Bassgambe, zwei Gitarren , eine Fiedel und einige andere Musikinstrumente" . Thicknesse starb 1792 und wurde auf dem protestantischen Friedhof in Boulogne begraben. Der größte Teil seiner Arbeit in Spanien ist einem Bericht über Montserrat gewidmet, das er vor seiner Plünderung besuchte.

S. 56. „Mr. Philip Hale hat den folgenden Bericht darüber (über den Fandango) gefunden": In der anonymen, unvollständigen und etwas falschen Übersetzung von Gaston Vuilliers „La Danse" (Hachette et Cie., 1898). Im Originalwerk scheint diese Beschreibung des Fandango Tomás de Iriarte zugeschrieben zu werden, obwohl der Text etwas mehrdeutig ist. In der englischen Übersetzung mit dem Titel „A History of Dancing" ist Kapitel VIII hauptsächlich dem spanischen Tanz gewidmet; im Originalwerk ist es Kapitel IX. Vuillier entnahm das meiste Material dem aufwendigen Werk „ l'Espagne " des Baron Charles Davillier, das von Gustave Doré illustriert ist. Vuillier zitiert Davillier sehr frei. Davilliers Kapitel über den spanischen Tanz (Kapitel XIV und XV) sind äußerst interessant und der Baron hat einen Großteil des Materials selbst zusammengetragen. So gibt es zum Beispiel eine Beschreibung von La Campanera , die zur mittelmäßigen Musik eines blinden Geigers tanzt, dessen Melodien sich als so wenig inspirierend erweisen, dass Doré seinen zitternden alten Fingern die Geige aus den Händen reißt und selbst mit großer Wirkung darauf spielt. Davillier beschreibt Doré als einen Geiger ersten Ranges, der von Rossini gelobt worden sei. Bei einer anderen Gelegenheit beginnen Davillier und Doré, vom Tanz der Zigeuner angeregt, selbst mit dem Tanz, klopfen wild mit den Absätzen, wedeln mit den Armen und kreisen mit den Gitanas, während eine große Gruppe applaudiert. Dieses Buch, das 1874 bei Hachette in Paris erschien, wurde 1876 in New York von Scribner, Welford und Armstrong in der Übersetzung von J. Thomson mit den Originalillustrationen herausgebracht. In der amerikanischen Ausgabe sind die beiden französischen Kapitel zu einem einzigen, Kapitel XIV, zusammengefasst.

S. 57. „kann nicht verpflanzt werden, sondern bleibt lokal": James Hunekers Erfahrungen in Spanien, wie sie im Kapitel über Madrid in „The New Cosmopolis" beschrieben werden, scheinen unglücklich gewesen zu sein. Es gibt Leute, die jeder einzelnen Aussage im folgenden Absatz widersprechen würden: „Die besten spanischen Tänze findet man heute nicht in Spanien. Für Otero und Carmencita muss man nach Paris gehen. Auch die charakteristischste Küche gibt es in Spanien nicht; zumindest nicht in Madrid. Die größte spanische Oper wurde vom Franzosen Bizet komponiert."

S. 62. „Spanische Volkslieder": Der spanische Katalog der Victor Phonograph Company bietet eine hervorragende Gelegenheit zum Studium spanischer und Zigeunervolksmusik. Sie können darin sogar Beispiele von Zigeunerliedern finden, die in esoterischen Tonleitern verfasst und von Zigeunern mit Gitarrenbegleitung gesungen werden. Herr Caro- Delvaille hat mich auf die Nummern 62365 (Petenaras) und 62289 (Soleares) aufmerksam gemacht . Die Nummern 62078 (Sevillanos und Ferruca) und 62077 (Jotas Nuevas), gesungen von Pozo, sind ebenfalls gut. Die meisten von Pozos Platten werden Sie interessant finden.

S. 62. Als Dmitri Slaviansky 1895 mit seinem russischen Chor Barcelona besuchte und russische Volksmusik in Spanien einführte, interessierte er sich sehr für die Volksmusik Kataloniens. Seine Begeisterung war ansteckend und selbst spanische Musiker wurden vom Fieber angesteckt. Im selben Jahr harmonisierte Enrique Morera die erste Strophe von *Sant Ramón* , einer traditionellen Melodie von der Insel Mallorca, die vom russischen Chor aufgeführt wurde. Später gründete Amadeo Vives den Orfeó Catalá , ein Chorverein, der sich hauptsächlich der Aufführung alter Volks- und Kirchenmusik widmet, arrangiert von Morera, Pedrell und anderen spanischen Komponisten. Lluis Millet ist heute der Leiter dieser Organisation, die im Frühjahr 1914 Paris und London besuchte. In beiden Städten wurde der Chor mit Begeisterung aufgenommen. Henry Quittard schrieb in „Le Figaro": „Wir müssen gestehen, dass wir noch nie etwas gehört haben, das diesem außergewöhnlichen Ensemble nahe gekommen wäre." Emile Vuillermoz sagte: „Ein äußerst abwechslungsreiches Programm zeigte alle Möglichkeiten dieses wunderbaren Instruments, das uns hinreißt und zugleich zutiefst demütigt. Der Vergleich unserer berühmtesten französischen Chöre mit dieser großartigen Phalanx ist für unseren eigenen Stolz außerordentlich traurig. Nie zuvor hatten wir eine solche Disziplin in einer Gruppe, die Stimmen von solcher Qualität vereint. Jetzt wissen wir, was getan werden kann. Es ist unmöglich, sich den Grad an technischer Perfektion, an kollektiver Virtuosität vorzustellen, den menschliche Stimmen erreichen können, bevor man die kolossale lebende Orgel gehört hat, die Lluis Millet Barcelona präsentiert hat." Lluis Millet hat ein Buch mit musikalischen Illustrationen über „Das religiöse Volkslied Spaniens" herausgegeben. Am 15. Januar 1918 gab die Schola Cantorum von New York unter der Leitung von Kurt Schindler ein Konzert in der Carnegie Hall, bei dem der größte Teil des Programms Liedern aus dem Repertoire des Orféo gewidmet war. Catalá , in den Originalsprachen gesungen. Streng genommen kann man diese Lieder nicht mehr als Volkslieder bezeichnen, da sie alle neu arrangiert wurden. In einigen Fällen kann man sie, abgesehen von der gelegentlichen Verwendung einer Volksmelodie, als Originalkompositionen betrachten. Mehrere der Lieder wurden von Kurt Schindler arrangiert, in einigen Fällen könnte man fast sagen komponiert, und zum ersten Mal in ihrer neuen Form aufgeführt. Eines dieser Lieder, *A Miracle of the Virgin Mary* , *ein Lobgesang aus dem spanischen Galicien aus dem 14. Jahrhundert, in dem Mabel Garrisons lieblicher Stimme eine wichtige* Rolle zukam , erwies sich als sehr schön. Das gesamte Programm erregte tatsächlich höchstes Interesse.

S. 62. „Nach dem Stierkampf“: EE Hale („Sieben spanische Städte“) hat das fast Unmögliche geschafft, ein Buch über Spanien zu schreiben, ohne einen Stierkampf gesehen zu haben. Man könnte genauso gut versuchen, eine Geschichte der Oper zu schreiben, nachdem man sich geweigert hat, Wagners *Ring anzuhören* . HT Finck („Spanien und Marokko“) war mit einem halben Stierkampf zufrieden und angewidert. Seine Haltung wird im Baedeker zitiert und widergespiegelt.... Sympathischere und detailliertere Berichte über diese sehr beliebte spanische Freizeitbeschäftigung finden sich in Richard Fords „Gatherings from Spain“, Gautiers „Voyage en Espagne“ , Havelock Ellis‘ „Die Seele Spaniens“ und de Amicis‘ „Spanien und die Spanier“. Edward Penfield hat in seinen „Spanischen Skizzen“ einen Stierkampf illustriert. Das Kapitel über den Stierkampf in John Hays „Kastilische Tage“ ist sehr lesenswert. Die besten Beschreibungen des tauromachischen Sports in der Literatur, die ich kenne, finden sich in Frank Harris‘ sehr lebendiger Geschichte „Montes der Matador“ (Gautier widmet Montes übrigens viele nervenaufreibende Seiten) und in Edgar Saltus‘ frühem Roman „Mr. Incouls Missgeschick“.

S. 64. „führen oft eigene Dialoge ein“: Dies trifft nicht mehr zu, wie mir Herr John Garrett Underhill mitteilt, da die Sociedad de Autores solche Einschübe verboten hat.

S. 64. „Die Zarzuela“: Ich bin Herrn John Garrett Underhill für die folgenden Bemerkungen zur Zarzuela zu Dank verpflichtet: „Die Zarzuela war ursprünglich eine romantische Operette in drei Akten , teilweise gesungen und teilweise gesprochen, und sie blieb in dieser Form bis zur Einführung der Einakterform in den frühen achtziger Jahren bestehen. Die Aufführungen im Teatro de Zarzuela erfolgten meist in der aufwändigeren Form, während das *género chico* (kleinere Gattung) im Apolo beheimatet war. Mit der Umstellung auf einen Akt wurden die Zarzuelas realistischer – detaillierte Bilder lokaler Bräuche usw., aufgebaut um charakteristische Lieder und Tänze, sodass der Name mittlerweile ziemlich synonym zu dieser Art der Unterhaltung geworden ist, während die längere ältere Form allgemein als Operette bezeichnet wird. Mit anderen Worten, eine Zarzuela ist eher eine musikalisch -dramatische Unterhaltung, die stark spanisch geprägt ist, als bloß eine Mischform. *The Land of Joy* veranschaulicht genau diese Qualität, obwohl es, da es kein dramatisches Element hat, keine Zarzuela ist.

"Die beliebtesten Zarzuelas sind alle stark gefärbt . Dazu gehören *La Alegría de la Huerta* , Musik von Federico Chueca , die sich um eine Szene provinzieller Fröhlichkeit dreht, *La Verbena de la Paloma* von Bretón , die ein beliebtes religiöses Fest in Madrid behandelt, Manuel Nietos *Certamen Nacional* , Fernández Caballeros *El Cabo Primero* und *Gigantes y Cabezudos* und Chapís *El Puñao de Rosas* . All diese Stücke sind in einem Akt und die Sprechrollen sind breit angelegte, unterschwellige Komödien. Dazu kommt Emilio Arrietas *Marina* in drei Akten, das beste Beispiel der alten Form, die starken italienischen Einfluss zeigt. *Marina* ist für die Spanier die Art Opernklassiker, die *Pinafore* – ein weiteres nautisches Werk – für uns ist.

„Das Charakteristischste an der Zarzuela ist ihre unterschwellige Komik und ihr spanisches *Sal* , zusammen mit jener eigentümlichen Disziplinlosigkeit, die so gut in *The Land of Joy verkörpert* wird. Mit anderen Worten, die Zarzuela ist ein Geisteszustand, genau wie spanische Musik ein Ausdruck des spanischen Lebens ist und ohne ein gewisses Verständnis ihrer Symbole unverständlich ist.

"Man kann mit Sicherheit sagen, dass jede Zarzuela entweder ein realistisches, unterschwelliges komödiantisches Element hat oder auf andere Weise eine direkte Form von Theatralik aufweist , was sie in dieser Hinsicht von Werken einer rein künstlerischen Kategorie unterscheidet. Dennoch ist es schwierig, eine Grenze zu ziehen. Die Zarzuela hat einen ähnlichen Beigeschmack wie unsere Burlesque-Bühne. Das Analogon wäre eine amerikanische Burleske, die von hochintelligenten Dramatikern geschrieben wurde. Wäre Harrigans *Mulligan Guards Ball* in einen Akt komprimiert worden, wäre es eine typische Zarzuela gewesen."

S. 65. „ *La Gran Vía* ": Siehe Anmerkung zu Seite 14.

S. 65. „Normalerweise werden an einem Abend vier verschiedene Zarzuelas vor ebenso vielen Zuschauern aufgeführt": Im Apolo. „Der Abend ist in einzelne Abschnitte unterteilt – vier oder fünf sind die übliche Anzahl", schreibt Mr. Underhill. "Diese werden *Funciones genannt* und bestehen jeweils aus einem einzigen Stück. Wenn die erste *Función* um acht beginnt, folgt die zweite um neun oder Viertel nach neun, die dritte um zehn, die vierte kurz nach elf und die letzte, die normalerweise eine Farce ist und vielleicht die weniger puritanischen Elemente der Gemeinde anspricht, um zwölf oder Viertel nach zwölf. Ein ähnliches System herrscht nachmittags. Die Zeiten der *Funciones variieren* in verschiedenen Städten erheblich, je nach Charakter und Gewohnheiten der Bevölkerung. In einigen Theatern finden die Aufführungen praktisch ununterbrochen statt ... Für jede *Función wird ein gesonderter Eintritt verlangt* ... Es gibt geräumige und komfortable Warteräume, in denen sich das Publikum für die folgende *Función versammelt* , bevor die gerade laufende beendet ist, so dass die Verzögerung durch den notwendigen

Wechsel auf ein Minimum reduziert wird und nie eine Viertelstunde überschreitet. In der Zwischenzeit gehen Platzanweiser durch die Gänge und Logen und nehmen die Karten der Zurückgebliebenen entgegen, obwohl in diesen populären Theatern die Neuzusammensetzung des Publikums praktisch vollständig ist."

S. 69. „ *villancicos* ": Auf dem Programm des zweiten historischen Konzerts von M. Fétis in Paris am 18. November 1832, das der Musik des 16. Jahrhunderts gewidmet war, finde ich: „ *Vilhancicos espagnols, à 6 voix de femmes, avec 8 guitars obligées, composés par Soto de Puebla et exécutés dans un concert à la cour de Philippe II (1561).* "

S. 70. George Henry Lewes gibt in Kapitel XIV von „Über Schauspieler und die Kunst des Schauspielens" einen Bericht über das Drama in Spanien und geht dabei auch auf die Zarzuela ein.

S. 70. „die italienische Oper": Zu Gautiers Zeiten war Bellini der Lieblingskomponist (siehe S. 215, „Voyage en Spanien ").

John Hay schreibt in „Castilian Days" (1871): „Madrid hat ein großartiges Opernhaus, das sich trotz seines nationalen Charakters genauso gut in Neapel befinden könnte; das Hoftheater, in dem kein einziges Wort Kastilisch zu hören ist, noch eine Spur spanischer Musik ... Die champagnerartigen Klänge Offenbachs sind in jeder spanischen Stadt häufiger zu hören als die Balladen des Landes. In Madrid gibt es mehr *Pilluelos , die Bu qui s'avance* pfeifen als die Hymne von Riego. Der Cancan hat seinen Platz auf den Brettern jeder Bühne der Stadt eingenommen, anscheinend um zu bleiben; und die exquisite Jota und Cachucha weichen den Bestialitäten des Casino Cadet."

In diesem Zusammenhang sollte man bedenken, dass die Metropolitan Opera in New York und das Covent Garden Theatre in London „ebenfalls in Neapel stehen könnten", „bei all ihrem nationalen Charakter". Auch unsere Symphonieorchester führen Werke einheimischer Komponisten ebenso selten auf wie die in Madrid.

S. 75. Um den Zeitraum zwischen 1850 und 1870 abzudecken, sind vier Namen erforderlich, die im Originaltext von „Spanien und Musik" versehentlich ausgelassen wurden: Joaquín Gaztambide, Emilio Arrieta, Baltasar Saldoni und Francisco A. Barbieri. Joaquín Gaztambide, geboren am 7. Februar 1822, war Schüler des Madrider Konservatoriums und Dirigent der „Pensions"-Konzerte am Konservatorium. Er war der Komponist von mindestens vierzig Zarzuelas, von denen einige Titel folgen: *La Cisterna Encantada , La Edad en la Boca , Matilda und Malek Adel , Das Geheimnis der*

Königin , *Die Herzen des Archiduque* und *El Valle de Andorra* . Er starb am 18. März 1870.

Emilio Arrieta, geboren am 21. Oktober 1823, war von 1842 bis 1845 Schüler des Mailänder Konservatoriums. Viele der besten spanischen Musiker haben ihre Ausbildung außerhalb Spaniens erhalten. Seine erste Oper, *Ildegonda* , wurde in Mailand aufgeführt. 1848 kehrte er nach Spanien zurück. 1857 wurde er Kompositionslehrer am Madrider Konservatorium und später Direktor dieser Einrichtung. Er starb am 11. Februar 1894. Die umfangreiche Liste seiner Zarzuelas und Opern (insgesamt sind es etwa fünfzig) enthält die folgenden Titel: *La Conquista de Granada* , *La Dama del Rey* , *De Madrid à Biarritz* , *Los Enemigos Domesticos* , *La Tabernera de Londres* , *Un Viaje á Cochinchina* und *La Vuelta del Corsario* .

Francisco Asenjo Barbieri, geboren am 3. August 1823 in Madrid, studierte am dortigen Konservatorium und wurde nach einer abwechslungsreichen Karriere als Mitglied einer Militärkapelle, eines Theaterorchesters und einer italienischen Operntruppe Sekretär und Hauptförderer eines Vereins zur Gründung einer spanischen Nationaloper und zur Förderung der Produktion von Zarzuelas als Gegenpol zur italienischen Oper. *Gloria y Peluca* (1850) und *Jugar con Fuero* (1851) waren die ersten dieser Zarzuelas, von denen er insgesamt 75 schrieb. Er war auch Lehrer und Kritiker. Er starb am 19. Februar 1894 in Madrid.

Baltasar Saldoni (1807-1890), in Barcelona geboren und im Kloster Montserrat erzogen, war Organist und Lehrer sowie Komponist. Zu seinen Werken zählen eine Sinfonie für Orchester, Militärkapelle und Orgel, *A mi patria* , eine *Hymne an den Gott der Kunst* , Opern und Zarzuelas sowie eine große Menge Kirchen- und Orgelmusik.

<u>S. 76.</u> „Felipe Pedrell ": *El Último Abencerraje* wurde bei seiner Aufführung in Barcelona 1874 auf Italienisch gesungen. *Quasimodo* ist eine Opernversion von Victor Hugos „Notre-Dame de Paris". *Mazeppa* (nach Byron) besteht aus einem Akt, ebenso wie *Tasso* ; *Cleopatra* aus vier Akten. *Los Pireneos* ist der erste Teil eines Triptychons, dessen zweiter Teil *La Celestina* ist. Die drei Teile heißen Vaterland, Liebe und Glaube. Soweit ich weiß, ist der dritte Teil noch nicht erschienen. *La Matinada* wird „eine musikalische Landschaft" genannt und besteht aus Solo, Chor und einem unsichtbaren Orchester.

Henri de Curzon, der *La Celestina* ins Französische übersetzt hat, hat in „La Nouvelle Revue", Band 25, S. 72, unter dem Titel „Un maître de la Musique Espagnole" eine ausführliche und äußerst interessante Beschreibung von Pedrell verfasst. Ein sehr lobender Essay über *La Celestina* von Camille Bellaigue findet sich in seinem Buch mit dem Titel „Notes Brèves ". Bellaigue erzählt, wie er die Partitur 1903 erhielt, aber erst im verregneten Sommer 1910 Zeit fand, sie zu studieren. Seine Begeisterung ist ungebremst, obwohl er das Werk noch nie aufgeführt gehört hat. Der Titel des Essays lautet „Un Tristan Espagnol " und er sagt: „La joie et la douleur , l'amour et la mort partout se touchent et se fondent hier . Aus ihrem Kontakt und ihrer Fusion, jamais encore un seitdem *Tristan* , die Kunst lyrisch nicht verfügbar auch Festung das Dunkle ausdrücken mystère ." Er nennt das Werk "das originellste und bewundernswerteste Werk , das es nach *Boris Godunow* geben kann , der, nachdem Falstaffs Zeit vergangen ist , uns allein lässt Ort des Fremden ."

S. 78. „ *La Bruja* ": Manrique de Lara sagt über dieses Werk: „Diese Partitur unseres größten Komponisten brach abrupt mit der italienischen Tradition, die zumindest in der Form unsere musikalischen Produktionen bis dahin versklavt hatte. Ein neuer Einfluss, der seinen Ursprung in Werken des rein klassischen Stils hatte, ob symphonisch oder dramatisch, führte uns in *La Bruja auf neue Wege* ."

S. 80. „ *La Verbena de la Paloma* ": Raoul Laparra erzählte mir, dass Saint-Saëns dieses Werk so sehr bewunderte, dass er es auswendig lernte und es immer wieder auf seinem Klavier spielte.

S. 81. Ein Name, der hier eingefügt werden sollte, ist der von Emilio Serrano, der in der baskischen Stadt Vitoria geboren wurde. Er ging früh nach Madrid, wo er bei Zabalza Klavier und am Konservatorium bei Eslava und Arrieta Komposition studierte. Schon in sehr jungen Jahren begann er, Zarzuelas zu schreiben, von denen *El Juicio de Friné wahrscheinlich die beste aus dieser Zeit ist* . Seine im italienischen Stil gehaltene Oper *Mithradates* wurde 1882 am Teatro Real in Madrid aufgeführt. Später inszenierte er am selben Haus *Doña Juana la Loca* und *Irene de Otranto* , für die José Echegaray das Libretto lieferte. Für *Gonzalo de Córdoba schrieb er sein eigenes Buch* , eine Oper in einem Prolog und drei Akten (1898). Seine letzte Oper, *La Maja de Rumbo* , *die für das* Lírico (heute Gran) konzipiert war, wurde nur in Buenos Aires aufgeführt. Er hat ein Quartett, eine Sinfonie, ein Klavierkonzert und mindestens zwei sinfonische Dichtungen geschrieben: *La Primera Salida de Don Quijote* und *Los Molinos de Viento* . Emilio Serrano wurde Arrietas Nachfolger als Kompositionsprofessor am Madrider Konservatorium, und es gibt nur wenige spanische Komponisten der letzten beiden Jahrzehnte, die nicht seine Schüler waren.

S. 82. „Albéniz": G. Jean-Aubry schreibt über diesen Komponisten: „Alle jungen Komponisten Spaniens haben ihm etwas zu verdanken. Albéniz ist Spanien, wie Mussorgski Russland, Grieg Norwegen und Chopin Polen ist … *Iberien* markiert den Höhepunkt der Kunst von Albéniz. Nur Albéniz konnte es wagen, diesen schlichten und stolzen Titel an die Spitze der zwölf Abschnitte dieses Gedichts zu stellen. Man findet hier alles, was Emotion und Kultur sich nur wünschen können. Der Komponist erreichte hier eine Sicherheit im Anschlag und eine Originalität der Technik, die viel Aufmerksamkeit verlangt und keine Hintergedanken hat. Er opferte sogar manchmal die Perfektion der Form. Es gibt zweifellos anspruchsvolle Kritiker, die Fehler finden werden, aber solche Fehler sind nicht schädlich für den Ausdruck, und das allein ist wichtig. In der Musik gibt es viele hervorragende Gelehrte, aber nur wenige Dichter. Albéniz hat die ganze Kraft des Dichters – Leichtigkeit und Reichtum des Stils, Schönheit und Originalität der Bilder, und ein seltenes Gespür für Suggestion ... Die *Präludien* und *Etüden* von Chopin, der *Carneval* und *die Kreisleriana* von Schumann, die *Pilgerjahre* von Liszt, das *Präludium* , *der Choral und die Fuge* sowie das *Präludium* , *die Arie und das Finale* von Franck, die *Islamey* von Balakirew , die *Estampes* und *Images* von Debussy und die zwölf Gedichte von *Iberia* markieren den Höhepunkt der Musik für das Klavier seit 1830.“

S. 82. „ *Katalonien* “: Henry J. Wood dirigierte eine Aufführung in London, 4. März 1900.

S. 84. Tradition und oft auch Notwendigkeit haben viele spanische Komponisten die Halbinsel verlassen, um im Ausland Karriere zu machen. Victoria ging nach Rom, Arrieta nach Mailand, Albéniz, Valverde, de Falla (und wie viele andere!) nach Paris. In letzter Zeit ist Paris tatsächlich ein Zufluchtsort ehrgeiziger spanischer Komponisten geworden, die von ihren französischen Mitbrüdern mit offenen Armen empfangen wurden und deren Musik wo der spanische Pianist Ricardo Viñes und der kubanische Pianist J. Joachim Nin gespielt wurden. Viñes war tatsächlich den Modernen aller Nationen gegenüber freundlich eingestellt. Seine Programme umfassen Werke von Satie, Albéniz und Ravel ... und zweifellos auch von Leo Ornstein.

Infolgedessen haben einige der in der Heimat gebliebenen Zarzuela-Autoren typischere spanische Musik produziert als einige ihrer ehrgeizigeren Brüder. Einen der Gründe dafür erläutert Mr. Underhill in seinem Essay über das spanische Einakter-Stück: „Die Spanier legen großen Wert auf diese Dinge (die strenge spanische Tradition ohne ausländische Einflüsse). Sie bestehen auf dem nationalen Element, auf der Bewahrung einheimischer Ausdrucksformen, sowohl in Bezug auf literarischen Typ und Konvention als auch in reinen Redefragen. Nur wenige erstklassige Autoren der vergangenen Generation sind in dieser Hinsicht dem Vorwurf entgangen. Von ihnen wurde erwartet, dass sie nicht nur aus dem Boden entsprangen, sondern auch davon schmeckten.“ An die Zarzuela-Autoren werden die gleichen Anforderungen gestellt. Infolgedessen kann die Zarzuela, obwohl sie von spanischen Musikern oder dem Publikum kaum ernst genommen wurde und sich den Pedanten zufolge immer in einem wankenden dekadenten Stadium befand, als die nationalste Form der spanischen Musikkunst angesehen werden.

Ich habe im Text auf Joaquín Valverde Bezug genommen, und seine Musik ist den Amerikanern durch *The Land of Joy verhältnismäßig bekannt geworden* . José Serrano ist ein weiterer populärer Zarzuela-Autor. Sein vielleicht bekanntestes Werk ist *El Mal de Amores,* zu dem die Brüder Quintero das Buch lieferten. Serranos Heimat ist Madrid, wo er zu Benaventes *Tertulia gehört* . In der Saison 1916/17 organisierte er eine Truppe zur Aufführung seiner Opern und Zarzuelas und führte eine Tournee durch die Provinz durch. Besonders erfolgreich war er in Valencia. Während dieser Tournee wurde seine dreiaktige Oper *La Canción del Olvido* uraufgeführt. Vor kurzem mietete er das Zarzuela-Theater in Madrid und führt dort weiterhin seine eigenen Werke und die anderer Komponisten auf, darunter auch Usandizagas posthum erschienenes *La Llama* . Weitere Werke von Serrano sind *La Reina Mora* (Zarzuela in einem Akt, Buch der Quinteros) und *La Canción del Soldado* .

Hier möchte ich auch Gerónimo Giménez erwähnen, der in Sevilla geboren wurde. Als Junge ging er nach Cadiz, wo er bei seinem Vater studierte und in der Kathedrale sang. Mit sechzehn dirigierte er eine Aufführung einer Oper von Petrella in Gibraltar und wurde in der Folge Dirigent mehrerer italienischer Opernensembles, die durch Spanien und Portugal tourten. Die Provinz Cadiz gewährte ihm eine Rente für ein Studium im Ausland, und er trat in das Pariser Konservatorium unter Ambroise Thomas ein. Er lebte auch eine Zeit lang in Mailand. Nach seiner Rückkehr nach Spanien wurde er von Chapí , der damals das Teatro Apolo in Madrid leitete, engagiert, um das Orchester bei der Produktion seines neuen Stücks *El Milagro de la Virgen* zu dirigieren . Später dirigierte er im Zarzuela-Theater die Uraufführung von Chapís *Die Bruja* . Noch später folgte er Luigi Mancinelli als Dirigent der Sociedad de Conciertos in Madrid. diesen Posten bekleidete er zwölf Jahre lang. Er ist Mitglied der Academia de Bellas Artes und Komponist von *María del Pilar* und zahlreichen anderen Zarzuelas, darunter *Las Panderetas* , *El Baile de Luis Alonso* , *La Tempranica* , *El Húsar de la Guardia* und *Cinematógrafo Nacional* .

Amadeo Vives

Weitere aufgeführte Lichtkomponisten sind Rafael Calleja, Enrique Brú, Alberto Foglietti , Pablo Luna, Vicente Lleó und Arturo Saco del Valle.

Ernsteren Charakters ist die Musik von Amadeo Vives, der in Collbato geboren wurde . Im Alter von zehn Jahren ging er nach Barcelona, um bei seinem Bruder, einem Musiker in einer Regimentskapelle, zu studieren. Er wurde Ministrant in einer Kirche und seine ersten Kompositionen entstanden unter dem Einfluss der Orgelmusik, die er damals hörte. Von Barcelona aus wanderte er nach Málaga aus, wo er Dirigent wurde, und von dort ging er nach Madrid, wo er, so scheint es, gleichgültig in Kirchen und Cafés spielte. Zeitweise war er sogar dazu gezwungen, auf der Straße zu hausieren und Musikkritiken für eine Zeitung in Barcelona zu schreiben. *Artús* (nach einer bretonischen Legende), 1897 in Barcelona aufgeführt, begründete seinen Ruhm. Er gründete das berühmte Orfeó Catalá in Barcelona, später von Millet geleitet, und seine Männerchöre, die für diese Organisation geschrieben wurden, gelten als seine besten Werke. Die Liste seiner Opern umfasst *Don Lucas del Cigarral* , seinen ersten Versuch der traditionellen klassischen spanischen Zarzuela, der 1899 in Madrid aufgeführt wurde, *Enda d'Uriach* , für den Angel Guimerá das Buch schrieb (Barcelona; 1900); *Colomba* (Madrid; 1910); *Maruxa* , " égloga Lyrik en 2 actos " (1914); und *Tabaré* (1914) sowie etwa dreißig Zarzuelas, darunter *El Tesoro* , *El Señor Pandolfo* und *Bohemios* .

Joaquín Larregla stammte aus der Bergstadt Lumbier im spanischen Navarra. Nach einer Schulzeit in Pamplona besuchte er das Madrider Konservatorium bei Zabalza und Arrieta. Er hat sich sowohl als Pianist als auch als Komponist einen Namen gemacht. Laut Manuel Manrique de Lara ist er vor allem der Komponist Navarras, denn seine Werke „erwecken die Landschaften, Lieder und Traditionen seiner Provinz". Er ist Mitglied der Bellas Artes und Dozent am Konservatorium. Zu seinen Werken zählen *Navarra Montañesca* , *Miguel Andrés* und *I Viva Navarra!*

Man könnte meinen, der Krieg habe sich sehr positiv auf die spanische Musik ausgewirkt, während er in den meisten anderen Ländern die Tonkunst zerstört habe. Er habe die Spanier jedoch zurück in ihr eigenes Land getrieben und sei daher möglicherweise direkt für die Gründung einer modernen spanischen Musikschule verantwortlich. Einer derjenigen, die Paris 1914 verließen, war Manuel de Falla, von dem G. Jean-Aubry sagt: „Heute ist er die markanteste Figur der spanischen Schule, morgen wird er ein Komponist von europäischem Ruhm sein, genau wie Ravel oder Strawinsky."

Manuel de Falla wurde am 23. November 1877 in Cádiz geboren. Er studierte Harmonielehre bei Alejandro Odero und Enrique Broca; später ging er nach Madrid, wo er Klavier bei José Trigo und Komposition bei Felipe Pedrell studierte . Er war noch keine vierzehn, als ihm die Madrider Musikakademie den ersten Preis für sein Klavierspiel verlieh. Zwischen 1890 und 1904 teilte er seine Zeit zwischen Komponieren und Klavierspielen auf, sowohl als Solist als auch in konzertanten Kammermusikkonzerten. Die Kompositionen aus dieser Zeit wurden jedoch nicht veröffentlicht, und de Falla kann heute nicht dazu gedrängt werden, darüber zu sprechen. 1907 ging er nach Paris, wo er von Anfang an von Paul Dukas herzlich empfangen wurde. Auch Debussy war freundlich. Seine einzigen veröffentlichten Werke zu dieser Zeit waren *Quatres Pièces Espagnoles* : *Aragonesa* , *Cubana* , *Montañesa* und *Andaluza* für Klavier sowie *Trois Mélodies* : *Les Colombes* , *Chinoiserie* und *Seguidille* , Texte von Théophile Gautier. 1910 debütierte er als Pianist in Paris und im folgenden Jahr in London....

Am 1. April 1913 produzierte das Casino in Nizza seine erste Oper, *La Vida Breve* (die bereits 1905 einen Preis an der Madrider Akademie der Schönen Künste gewonnen hatte) mit Lilian Grenville als Salud; am 30. Dezember 1913 wurde das Werk an der Opéra-Comique in Paris mit Marguerite Carré als Salud aufgeführt. Die Uraufführung dieses lyrischen Dramas in Spanien fand am 14. November 1914 im Teatro de la Zarzuela in Madrid statt. *La Vida Breve* wurde mit *Cavalleria Rusticana verglichen* , „einer *Cavalleria* , geschrieben von einem vollendeten Musiker, der von dem brennenden

Wunsch durchdrungen ist, seine Gedanken auszudrücken, ohne dem Pöbel leichte Zugeständnisse zu machen." ... Die Orchestrierung wurde herzlich gelobt. „Im ersten Akt hat er die beiden Szenen mit einer bewundernswerten Beschwörung von Granada in der Abenddämmerung verbunden; schwache Stimmen steigen aus der fernen Stadt auf und die ganze Atmosphäre ist erfüllt von Lässigkeit, Duft und Liebe."

Mit Kriegsbeginn verließ de Falla Frankreich und kehrte in sein Heimatland zurück. Er brachte *La Vida Breve* mit einigem Erfolg in Spanien heraus und am 15. April 1915 wurde seine zweite Oper, *El Amor Brujo*, im Lara-Theater in Madrid aufgeführt. Aubry erzählt uns, dass dieses Werk ein Misserfolg war. Der Komponist ließ jedoch die Sprech- und Gesangsstimmen weg, erweiterte die Orchestrierung und machte daraus eine symphonische Suite im „halb-arabischen" Stil. Auch Pastora Imperio hat diese Musik für ihre Tänze verwendet.

Aubry bezeichnet de Fallas *Nocturnes*, die 1916 in Madrid uraufgeführt wurden, als das bedeutendste Orchesterwerk, das je ein Spanier geschrieben hat. Der spanische Titel lautet: *Noches en los Jardines de España*. Es gibt drei Teile, die durch diese Untertitel beschrieben werden: *En el Generalife*, *Danse Lejana* und *En los Jardines de la Sierra de Córdoba*. Das Klavier spielt eine wichtige Rolle in der Orchestrierung, ist aber nie allein zu hören. „Das thematische Material basiert, wie in *La Vida Breve* oder in *El Amor Brujo*, auf Rhythmen, Modi, Kadenzen oder Formen, die von andalusischen Volksliedern inspiriert, aber nie daraus entlehnt sind."

Als das Russische Ballett Spanien besuchte, war Serge de Diaghilew so sehr an der Arbeit de Fallas interessiert, dass er ihn beauftragte, ein Ballett über das Thema von Alarcóns Roman „El Sombrero de tres Picos" zu schreiben.

Joaquín Turina ist eine weitere wichtige Persönlichkeit der modernen Schule. Debussy verglich sein Orchesterwerk *La Procesión del Rocio* mit einem leuchtenden Fresko. In einem Artikel in „The Musical Standard" vom 6. Januar 1917 schreibt Guilhermina Suggia : „Dieses Werk, komponiert im Jahr 1912 und Enrique Fernández Arbós gewidmet , zeigt eine jener eindrucksvollen Prozessionen zu Ehren der Heiligen Jungfrau Maria, über die Richard Ford in der alten Ausgabe von Murrays ‚Handbook of Spain' (1845) so bildhaft schreibt." Jedes Jahr im Juni findet *die Procesión del Rocio* statt, und alle Granden der Stadt Sevilla kommen in ihren Kutschen, um an den Festlichkeiten teilzunehmen. Turina hat auch eine Oper komponiert, *Fea y con Gracia* (1905), ein Streichquartett und zahlreiche Werke für Klavier, darunter *Trois Danses Andalouses* (*Petenera*, *Tango* und *Zapateado*), *Sevilla*, eine Suite, und *Recuerdos de mi rincón* (*Tragedia Comic für Klavier*).

José María Usandizaga , einer der vielversprechendsten jüngeren Komponisten, starb 1915. Er wurde 1888 in San Sebastián geboren und starb daher im Alter von 27 Jahren, ein Jahr nachdem seine Oper *Las Golindrinas am 4. Februar 1914 mit dem Tenor Sagi-Barba in der* Hauptrolle in Madrid erfolgreich aufgeführt wurde . Usandizaga war ein körperlich äußerst gebrechlicher Mann, schwach und hinkend, und er starb an Tuberkulose. Ich glaube, er war ein Schüler von Vincent d'Indy . Seine posthume Oper *La Llama* wurde im Winter 1917/18 in San Sebastián und Madrid aufgeführt. Gregorio Martínez Sierra, einer der bedeutendsten Schriftsteller der jüngeren Generation, lieferte die Bücher für beide Opern.

Enrique (eigentlich Enrich oder Enric; Enrique ist die kastilische Form dieses katalanischen Namens) Morera ist vielleicht der führende katalanische Komponist. Am bekanntesten ist er für seine Chorbearbeitungen von Volksliedern, von denen einige in New York durch die Schola Cantorum zu hören waren, aber er hat auch Musik für Guimerás Stücke und ein lyrisches Drama mit dem Titel *L'Alegría que passa geschrieben, dessen Buch von Santiago* Rusiñol stammt .

Divina Comedia für Orchester geschrieben und Bartolomé Pérez Casas eine *Suite Murcienne* , die G. Jean-Aubry in eine Liste moderner spanischer Orchestermusik aufnimmt. Pérez Casas ist derzeit Dirigent des Philharmonischen Orchesters von Madrid. Er und Turina dirigierten das Orchester des Russischen Balletts während des Besuchs dieser Organisation in Madrid im Mai 1918.

Ich habe die sehr schönen *Impressions Musicales* für Klavier von Oscar Esplá . Der Untertitel lautet *Cuentos Infantiles ; Zusammensetzung aufschreiben im Jahr 1905 für ein Kinderfest* . Es besteht aus fünf Teilen, die jeweils den Titel En el Hogar, Barba Azul, Caperucita Roja, Cenicienta und Antaño tragen . *Diese Musik ist* nicht *sehr* spanisch *; sie* erinnert *mich* tatsächlich *stark* an die Musik von Rebikof .

R. Villar hat viele Stücke für Klavier geschrieben, darunter *Páginas Románticos , Nereida , Fußball* , mehrere Lieder und Stücke für Violine und Klavier sowie Cello und Klavier. V. Costa y Nogueras ist der Komponist von *Flor de Almendro* (1901), *Inés de Castro* (1905) und *Valieri* (1906). J. Gómez ist der Komponist einer *Suite in A* für Orchester, die für Klavier arrangiert wurde. Sie umfasst *Präludium , Intermezzo , Volkslied* und *Finale-Tanz* .

S. 85. „vielleicht der erste der bedeutenden spanischen Komponisten, der Nordamerika besuchte": Albéniz kam in den siebziger Jahren als Pianist in die Vereinigten Staaten, als er etwa fünfzehn Jahre alt war.